拿下一号位

销冠当场就签单

浩南哥 著

中国经济出版社
北京

图书在版编目（CIP）数据

拿下一号位：销冠当场就签单 / 浩南哥著 .
北京：中国经济出版社, 2025.9. -- ISBN 978-7-5136-
8362-3

Ⅰ. F713.3

中国国家版本馆 CIP 数据核字第 2025CX0889 号

策划编辑	龚风光　李　伟
责任编辑	龚风光　李　伟
特约策划	书香学舍
特约编辑	蒋香香　李清霖　任丽艳
责任印制	李　伟
封面设计	车　球　陈虾仁

出版发行	中国经济出版社
印　刷　者	宝蕾元仁浩（天津）印刷有限公司
经　销　者	各地新华书店
开　　　本	700mm×1000mm　1/16
印　　　张	17
字　　　数	200 千字
版　　　次	2025 年 9 月第 1 版
印　　　次	2025 年 9 月第 1 次
定　　　价	68.00 元

广告经营许可证　京西工商广字第 8179 号

中国经济出版社　网址 www.economyph.com　社址 北京市东城区安定门外大街 58 号　邮编 100011
本版图书如存在印装质量问题，请与本社销售中心联系调换（联系电话：010-57512564）

版权所有　盗版必究（举报电话：010-57512600）
国家版权局反盗版举报中心（举报电话：12390）服务热线：010-57512564

推荐序

我与"浩南哥"的缘分，始于新潮传媒的共事，那是六年前，他带着一股子冲劲和豪爽，加入了我们这个大家庭。

当时的"浩南哥"虽年轻气盛，却也沉稳果断。我记得疫情期间，整个传媒行业陷入低谷，大量同行被迫离职、转行，可他愣是凭借自身的冲劲和创新力，逆势签下几个关键大单。他当时带领的团队，至今仍是新潮传媒干部队伍中备受赞誉的"标杆团队"。

在新潮传媒的那段日子里，"浩南哥"和我并肩作战，他总能在最短时间内，把复杂的问题用和谐而又快捷的方式拆解开。这种能力不仅让他在业务上屡创佳绩，更在团队里赢得了众人的尊重。那些年，我们一起面对过市场的"寒冬"，也一起分享过成功的喜悦。而他，始终是冲在最前面的那个人。

六年时间，说短不短，说长不长，却足以见证一位基层销售干部成长为新潮传媒高级干部和销售高手的过程。这条路，"浩南哥"走得坚定而自信。

如今，他将自己二十多年的经验和感悟，汇集成这本《拿下一号位：销冠当场就签单》。作为曾经一同在商场摸爬滚打的伙伴，我想说，这本书

拿下一号位：销冠当场就签单

里的每一个字，都凝结着他的实战经验。书中没有空洞的理论，而是实实在在的销售智慧。

他一直坚持的"利他"理念，让我印象深刻。在充满竞争的销售领域，很多人习惯思考如何从客户那里获取更多，"浩南哥"却反其道而行之，强调以客户利益为先。这种思维转变犹如一股清流，既容易赢得客户的信任，又能让销售人员真正站在客户的立场上去创造价值、促成合作，从而实现"双赢"。

在书中，他分享了很多实用的销售技巧，比如黄金圈法则、SPINS模式等。这些技巧如同钥匙，能够帮助销售人员打开客户的心门。另外，他讲述了许多如何与企业"一号位"搭建信任、推动合作的案例。这些都是他从实践中总结出来的宝贵经验，在与他共事的过程中，我亲眼见证了这些方法的有效性，相信它们对于渴望在销售领域有所突破的人而言，堪称珍贵的经验馈赠。

此外，书中对于销售复盘的重视也让我深有共鸣。在销售江湖中，复盘常被忽视，但"浩南哥"深知其价值。他通过日复盘、周复盘、月复盘，让每一次努力都能产生复利效应。这种持续学习和自我提升的态度，正是他能够不断突破自我，成为销冠的关键。

这本《拿下一号位：销冠当场就签单》，既是"浩南哥"对自己过往经验的总结，也饱含了他对后来者的殷切期望。我相信，无论是初入销售领域的新人，还是在商场上摸爬滚打多年的资深从业者，都能从这本书中找到属于自己的一分收获。

新潮传媒联合创始人　曾健
2025年5月于上海

自序

从月薪几百到年薪百万——20年销售逆袭之路

作为一名在销售领域摸爬滚打了20余载的从业者,销售工作于我而言,充满了激情与挑战。这本凝结了我20多年业务经验的沉淀之作,既是对过往工作的深刻思考和总结,也是我期望与更多同行分享的实战指南。

在分享业务经验之前,我想先聊聊"浩南哥"这个名字的由来,它背后有一段颇为有趣的故事。

那是在新潮传媒的一次销售干部线上大会上,老板批评华南营销团队:"你们华南一个能打的都没有!"当时我心里有一股不服输的劲头,毫不犹豫地大声回应:"那就我来!"

看过《古惑仔》系列电影的朋友都知道"陈浩南",他在电影里可是个厉害角色。为了树立"能打"的形象,我给自己起了"浩南哥"这个战斗值拉满又容易让人记住的名字。这个名字不仅方便客户记忆,更是一种强大的心理暗示:没人是我的对手!

正是这种不服输的精神,一直激励着我在充满挑战的销售道路上不断前行。而我的故事,还要从我的成长经历说起……

拿下一号位：销冠当场就签单

破茧：穷小子一头扎进销售圈

我出生在福建省龙岩市的一个小县城，是家族里的第一个大学生，承载着家族对我的殷切期望。那时，我的家庭经济条件不太好，大学期间几乎全靠助学金和奖学金维持生活。每每看到父母操劳的身影，我内心满是渴望，迫切希望能早日挣钱，改善家里的经济状况。那种想改变家庭命运的急切心情，如同重锤，不断敲击着我奋进的心。

上大学时，我听师兄说销售这行虽压力大，但收入还不错，能让人快速"翻身"。我心想：这不就是我梦寐以求的"快车道"吗？于是，大学一毕业，我就一头扎进了销售这个领域，带着满腔热血和对未来的憧憬，开启了我的销售之路。

蜕变：从销售"新兵"变身销售"大咖"

2002年大学毕业后，我加入中国网通集团有限公司福建分公司数据业务部大客户组，成为一名普通大客户销售。初入职场，我对销售充满了好奇和渴望，不断地学习和实践，不放过任何提升自己的机会。没想到，第一年我就在以销售"老鸟"为主的8人营销部门中，取得了个人销售业绩增量第一的成绩。那一刻，我深感努力得到了回报，也更加坚定了在销售道路上走下去的决心。

然而，这份数据业务工作多是小型订单，回报率并不高。而且，这一年我遇到了心仪的姑娘，我想买房买车，给她一个美好的未来。为实现这个目标，我需要赚更多的钱。我想去更大的平台，做更大的单子。

于是，2003年我加入东南卫视广告部。为了学到更多本领，实现业绩飞升，快速改变经济状况，我每天提前半小时到公司，帮前辈们擦桌子、

自序

泡茶、准备报纸，主动向前辈们请教签大单的方法。功夫不负有心人，两个月后，前辈们开始从不同维度教我提升业绩的"独门秘籍"。我这个"热情服务"的小策略，不仅让我收获了好人缘，还迅速学到了诸多签大单的独特方法。

也正因如此，我遇到了一位非常好的领导，她为我规划了每一步的成长路径。按电视台的常规，实习生转正平均需要一年半到两年的时间，但我凭借出色的业绩，仅用5个月就破格转正了。之后两年，我被火速提拔为华北区域负责人。其间，我购置了人生中的第一套房，顺利迎娶了心爱的姑娘。后来，我又轮岗担任西南区域负责人、国际业务部负责人兼华南区域业务负责人，并最终做到了东南卫视广告部全国业务总监。

在我负责华北区域和西南区域期间，业绩以每年50%的速度快速增长，这让我成就感满满。在国际业务部（4A）的三年时间内，我将国际业务从年度营收300万元提升到1亿元以上，创造了东南卫视的业务增长奇迹。当时的东南卫视也因此被福建广电集团赞誉为"印钱机器"，我还获得了东南卫视年终大会的褒奖和"广告部最佳销冠"荣誉证书。站在领奖台上的那一刻，我深知这是努力的结果，也是成长的见证。

2016年，我加入阿里大文娱旗下的优酷，担任华北大快消群总监，负责大客户开发。然而，北方的生活环境让我有些不适应，加之思乡之情，2017年我回到了福建——那个我最熟悉的地方。

2018年，我加入独角兽企业——新潮传媒，从基层管理岗做起。疫情期间，大量企业业务急剧下滑，整个传媒行业都陷入"寒冬"。我暗自发誓，一定要带领团队走出困境。那段时间，我和团队成员一起分析市场、制定策略。功夫不负有心人，我们最终实现了业绩逆风翻倍增长，我所带

拿下一号位：销冠当场就签单

领的团队被新潮传媒集团和外部管理咨询公司选为唯一的"标杆团队"，作为拆解优秀团队进行研究，荣誉纷至沓来。

根据当时集团要求，我还萃取业务经验，研发了《TOP大客户跟进与成交技巧》和《如何找到大客户及大客户的分级管理》等核心课程，成为新潮全国城市总经理和KA事业部总经理等中层干部的标准培训学习课程，并在全国巡讲。凭借业绩高速增长、成功经验的分享落地等成绩，我被任命为集团副总裁，负责华南市场，两年后又被擢升为新潮集团总部运营中心大客户运营部总经理。

努力付出终有回报，我从月薪600元，增长到近三年平均年薪数百万元。这一路走来，我经历了无数挫折和困难，但每一次蜕变与突破，都让我感受到了成长的喜悦和力量。

赋能：分享秘诀，助力同行取得佳绩

在20多年的销售生涯中，我见过太多销售人员的无奈和迷茫。他们面临着客户不理睬、嫌价格贵、四处比价、拖着不合作等难题。更令人担忧的是，一些销售人员只关注短期利益，一味强行推销产品或者"套路"客户，把"套路"客户的预算当作唯一的工作目标，这是短视行为，注定难以成功。

正是看到这些乱象，我决定把自己20多年的销售经验进行系统性总结，希望能帮助更多销售人员更快、更好地取得优异成绩，助力更多企业实现商业成功。这便是我写这本书的初衷和使命，我想分享经验，让销售不再困难。

接下来，我和大家分享一下我取得销售成绩的三大秘诀，这也是本书的三大核心内容。

自序

顶级思维：拿下"一号位"

商业的顶级思维是矛盾论——抓住主要矛盾和矛盾的主要方面。《毛泽东选集》中的矛盾分析法，堪称经典。

按照《毛泽东选集》中的矛盾分析法，在复杂的事物发展中，往往存在多个矛盾，但其中有一个矛盾至关重要，它对其他矛盾起着决定性作用，这个最重要的矛盾就是主要矛盾。主要矛盾解决了，其他矛盾便会迎刃而解。

那么，事物在发展过程中表现出的性质由什么决定呢？任何矛盾都有相互对立的两个方面，其中一个方面起主导作用，决定着事物的性质和发展方向，这个起主导作用的方面就是矛盾的主要方面，必须牢牢抓住。

举例来说，阿里创业之初，马云带着"十八罗汉"在湖畔花园吵架，表面争的是技术，实际上是在抓住信用体系这一主要矛盾，从而成就了阿里巴巴。雷军把小米手机的价格"砍"到1999元，事实上这个价格并不赚钱，可他为什么这么做呢？因为他看透了矛盾的本质——构建了1000万小米"发烧友"的生态圈。张一鸣拿着望远镜看宇宙的那晚，顿悟到抖音的生死矛盾不在内容生产，而在算法推荐。

在大客户营销工作中，要取得优异成绩，就要抓住主要矛盾。"一号位"企业是头部行业营销的关键，抓住"一号位"企业就是抓住营销的主要矛盾；企业"一号位"是企业战略方向的掌舵者，抓住企业"一号位"就是抓住主要矛盾的主要方面，决定着能否取得营销的重大成果。

唯有如此，才能抓住营销工作的重点，事半功倍。

拿下一号位：销冠当场就签单

利他的价值观：持续取得佳绩的"法宝"

最大的利己是利他。以客户利益为出发点，才能赢得真正的信任和长期合作。

如果制定了拿下企业"一号位"的战略，就要站在企业长远发展的角度思考，深度洞察客户需求，以解决问题为导向，为客户提供切实可行的解决方案，这样才能真正走进企业"一号位"的内心，打动他们。

这就是利他思维的价值和力量。以利他思维为指引，不仅能突破传统销售的困境，还能实现合作共赢。

实操落地方法论：销售的实战指南

本书将详细拆解销售过程中的各个环节，包括如何筛选"一号位"企业、如何瞄准企业"一号位"、如何与企业"一号位"及各个层级建立信任、如何挖掘客户痛点，以及如何通过明暗两条线梳理客户的决策链。在销售过程中，为客户创造价值是赢得合作的关键，这不仅包括帮助客户达成战略目标，还包括关注客户的个人利益。从在前期的客户开拓中建立信任，到高情商的沟通技巧，再到为客户的商业成功做创新等一系列销售过程和方法的制定与落地，我会将多年积累的实战经验毫无保留地分享给大家。

随着市场的发展和客户需求的变化，销售思想也在不断演进。最初的销售模式是强行推销，强买强卖，这种模式在如今的市场环境下已经难以奏效。随后，顾问式销售兴起，其核心在于问出对方的需求并设法满足，但这种模式也存在局限性。直到第三代销售思想——共赢式销售思维出现，才实现了销售困局的突破。这种模式秉承利他思维，以引领客户商业成功为出发点和归宿，从高层自上往下进行战略切入，它不仅提升了销售效率，

自序

更实现了客户与销售的双赢。

本书立足于建立第三代销售思想，进一步提升销售思维，实现更优的价值。

本书的营销思维，是针对复杂程度最高的 TO B（大企业客户）大客户销售而设立的，但同样适用于 TO G（政府部门客户）和 TO C（个人客户）领域。只要深入研究并应用于实际的工作场景，必定会有所斩获！

我衷心希望这本书能成为销售从业者的工作指南，帮助大家突破传统销售思维的禁锢，掌握与企业"一号位"对话和成交的技巧，在销售之路上披荆斩棘，取得非凡成就。

同时，我也相信书中的思维方式、沟通技巧和价值观，对任何希望在职场或生活中取得进步的读者都具有启发意义。无论你身处哪个行业，处于生活的哪个阶段，我相信你都能从我的经验中找到有用之处，助力你更好地理解如何在复杂多变的环境中找准方向，实现自己的目标。

浩南哥

2025 年 7 月于广州

目录

第一章
真诚"利他"吊打一切技巧

第一节　以利他强念，破胆怯之局　/ 002

第二节　销售最大的误区：99% 的销售只想利己　/ 008

第三节　利他思维的五层进阶：从利己到共赢　/ 015

第四节　利他，签大单的秘诀　/ 020

第二章
建立信任，让客户只认你

第一节　高情商沟通　/ 028

第二节　高情商"破冰七式"　/ 036

第三节　学会"卖"自己，展示靠谱和专业性　/ 041

第四节　先人再事，建立初步信任　/ 044

第五节　"说到做到"，奠定"牢不可破"的信任基石　/ 052

第三章
从战略痛点出发，精准深挖需求

第一节　黄金圈法则：还原需求真相　/ 061

第二节　从常规探索需求到战略性需求探索　/ 070

第三节　满足战略需求，做大订单　/ 077

第四章
梳理决策链，找到能做决定的人

第一节　找到成交链上有话语权的人　/ 084

第二节　把决策链上的人都处成朋友　/ 090

第三节　用销售鱼骨图，评估每个环节的工作　/ 095

第四节　对于获取的信息，要去伪存真　/ 099

目录

第五章
拿下企业"一号位",事半功倍

第一节　拿下"一号位",你的目标必须清晰　/ 107

第二节　连接"一号位"的传统模式和特战模式　/ 116

第三节　见"一号位",须搭建清晰的沟通框架　/ 125

第四节　说服客户老板,要学会识别他们的性格　/ 132

第五节　共建 MVP 市场打样模型,并扩大合作　/ 135

第六节　组织设立与"铁三角"打法　/ 139

第七节　高层破局,达成战略合作　/ 143

第六章
谈判有方法,双赢才是秘诀

第一节　商务谈判的十大黄金策略　/ 148

第二节　合作性商务谈判　/ 159

第三节　竞争性商务谈判　/ 163

第七章
推动老客户转介绍，高效获取新客户

第一节　1 个老客户，胜过 10 个新客户　/ 178

第二节　最好的客户来源，是转介绍　/ 186

第三节　消除顾虑，让客户放心转介绍　/ 199

第八章
高效复盘，让努力产生复利

第一节　复盘不是选做题，而是必做题　/ 206

第二节　你的日、周、月工作复盘　/ 211

第三节　客户项目复盘怎么做　/ 218

第四节　持续复盘：让成长成为习惯　/ 222

附录一　每一份礼物，都是与人交心的桥梁　/ 227

附录二　××汽车＆×潮传媒项目营销报告　/ 235

推荐语　/ 249

第一章

真诚"利他"吊打一切技巧

在销售及整个商业领域，成功始终是人们不懈追求的目标。那么，成功的关键究竟是什么？被誉为"经营之神"的稻盛和夫曾提出一个简单而深刻的方程式：

成功 = 思维方式（利他的思维方式）× 努力 × 能力

在努力与能力方面，人们或许各有差异，但并不悬殊。而真正能拉开差距、决定成败的，往往是思维方式，尤其是利他的思维方式。这种利他的思维方式，并非无底线的妥协，而是以真诚为核心，为客户创造价值，实现双赢。

第一节
以利他强念，破胆怯之局

在销售这行，"被客户拒绝"是司空见惯的事。尤其是面对企业"一号位"这样的关键角色，不少销售人员更是会感到胆战心惊。

不过，别慌！只要掌握了利他的正心、正念与正行，你就能从根本上改变这种局面，减少被拒绝的次数。

试想一下，在营销工作中秉持利他之心，开口便是为了帮助客户、同事，那么你究竟是来推销的，还是来助人的？很多人通过"利他"，发挥自身优势帮助他人，最终获得了更多的回报。当你帮助更多人、满足客户需求、让客户变得更好时，客户的财富就会流向你。

当你盯住业务目标，以利他思维开展工作，就会找到一种享受达成目标的方式，每项工作都会成为让自己变得更好的途径。这份"好"，不是为了解决过去的问题，而是为了帮助更多客户，充满能量。

当你的焦点是用利他思维帮助更多人时，你的情绪是正面的，你会乐于经常性地帮助人，执行力也会变强，会迫不及待地提升自己、学习更多东西，练就强大的本领，以便帮助更多人。你帮助的人越多，即使不刻意地追求回报，看得见与看不见的回报都会流向你。这是社会的必然循环，每个人都要找准目标，从自己的固有模式中跳出来，若用上帝视角回顾人生，你的状态将大不相同。

利他思维助你破胆怯之局

企业"一号位"掌握着决策大权，同时对与他对接的销售人员要求极高。因此，在面对企业"一号位"时，很多销售人员的气场会瞬间减弱，内心忐忑不安。实际上，真正的销售高手能在这种高压坏境中脱颖而出，是因为他们始终秉持利他思维。

从我的经验来看，当你的初心是利他的，念头是利他的，行动也是利他的，即坚持正心、正念、正行的时候，去攻克企业"一号位"就是一种非常正义的行为。当你不是去"求"客户，而是为客户创造价值时，你的底气自然就足了。

拿下一号位：销冠当场就签单

正心、正念、正行，是利他思维的三大支柱，也是销售人员在面对"一号位"时的核心武器。

正心：利他使命的"总开关"

正心是利他思维的核心，如同一个"总开关"，一旦开启，销售人员就会以帮助客户为使命。

拥有正心后，你不再是单纯为业绩奔波的"打工人"，而是客户商业道路上的"超级外援"。

例如，我在销售 CRM① 系统时，心中想的不是自己能拿多少提成，而是如何帮客户管好客户资源，怎么快速提升业绩。有了这股纯粹的劲头，我就算被客户"怼"回来，也能挺直腰杆告诉自己：

"我是来帮忙的，方向肯定没错，大不了再试试！"

毕竟，"利他之心，如灯照路"，只要心是正的，就不怕走弯路。

正念：直面拒绝的"思维转换器"

正念是面对拒绝时的正确心态，帮助我们从拒绝中学习和成长。

客户拒绝对于销售来说是家常便饭，次数多了，再脆弱的"玻璃心"也会变成"钢铁心"。

如果秉持"拒绝是成长的阶梯"的正念，你会发现，在别人眼中被拒绝是"世界末日"，而你却将其视为深入了解客户需求的"敲门砖"。客户说"产品价格太高"，正念会让你思考：

"这是在提示我价格确实太高，得赶紧想想如何让方案更划算。"

可以说，每一次被拒绝，都让你离客户需求更近一步，离成功也更近一步。

---

① Customer relationship management，客户关系管理。

正行：落实利他的"冲锋号"

正行是将利他思维付诸实践的具体行动。有了正心和正念作为基础，行动就有了底气和方向。

无论是深挖客户行业痛点，还是优化解决方案，都如同为客户量身定制"商业战甲"——客户对功能有疑问，你会立即安排详细演示和专业讲解；客户担心售后，你会毫不犹豫地给出全方位保障承诺。

当你用一次次真诚的行动告诉客户："我是认真来帮你解决问题的！"正行积累得足够多了，客户自然会被你的诚意打动。

此时，拒绝已不再是问题，你已成功变身为销售战场上的"无畏勇士"，一路披荆斩棘，奔向胜利。

拿回成交主动权

正心、正念、正行是你的行动纲领，若无法践行，就容易一直处于外围，不断试探，却拿不到订单。

所以，在践行正心、正念、正行以确保能拿到实实在在的结果时，有三点要注意。

第一，别把正心、正念、正行仅当作成交的手段。

很多人听到正心、正念、正行，就将其视为成交前的"套路"，但这样做往往会适得其反。

须注意，这并非为了成交刻意为之，而是真正为客户解决问题的态度，是销售人员内心利他修养的真实体现。

只有当我们真正为客户着想时，客户才会感受到我们的诚意，从而建立长期的合作关系。

第二，围绕客户的实际需求和痛点展开行动，别只图表面和谐。

许多客户处于复杂的市场环境中，经营风险较大。如果你只围绕结果、营造良好氛围去做，客户可能一时能够接受，但久而久之还是会发现问题。

反之，若你真的站在客户的角度提出建议，哪怕有些激进，只要是为了客户好，客户也会认可的。

因此，要围绕客户的实际需求和痛点展开行动，而非仅仅追求表面的和谐。

第三，在自己公司内部帮客户铺路。

从销售视角来看，对一个订单，做与不做都能找到理由，但很多时候内部营销更为关键。

许多销售只听老板的，老板同意就做，不同意就不做，这很容易导致无法与一些优质客户达成合作。

例如，面对一个体量很大但价格偏低的客户时，很多销售会直接放弃。但如果这个客户在某个领域具有标杆作用，我们就应该争取拿下，用这个案例去点亮整个行业。

我们可以帮客户在公司内部做一些铺垫和营销，即用合理的理由说服公司内部人员支持这个项目。

我们可以对老板说：

"这个客户可能是我们在这个领域的案例工程或'灯塔'项目，拿下它能带来意想不到的价值。"

当内部达成共识后，客户能受益，合作体量也会放大，还能吸引更多客户。

第一章 真诚"利他"吊打一切技巧

正心、正念、正行是你在成交路上一往无前的"屠龙刀",也是保证你在销售道路上不跑偏的"倚天剑"。坚持正心正念,方能成就正行。当你服务客户时,心里装的是为客户创造价值,而非单纯为了业绩,自然会充满自信。

下次再去攻克"一号位",别怕,大胆冲!

第二节
销售最大的误区：99% 的销售只想利己

做销售要想签单，是先利己还是先利他？

看到这个问题，大多数销售会本能地选择"先利己"。

毕竟，销售的目标是签单，不从自己出发，如何达成目标呢？然而，这种思维恰恰是销售工作的最大误区，就像渔民只盯着渔网里的小鱼，却看不见整片海洋的资源。

大众对销售工作也往往存在刻板印象，认为销售人员只是一群利己者，唯一的目标就是完成业绩，让客户掏钱购买产品。

这种观点忽略了销售工作的真正价值。做不好销售的人，本质上是被利己思维禁锢：他们只盯着自己的业绩数字，却看不见客户办公桌前堆积的市场分析报告；只计算提成点数，却听不到客户电话里无奈的叹息。而优秀的销售人员早已跳出这种局限，他们既能看见客户会议室白板上未解决的战略难题，也能看见自己手中资源与客户需求的契合点，以利他心态成为客户商业路上的同行者。

第一章 真诚"利他"吊打一切技巧

最大的利己是利他

利己曾被视为销售的"生存法则",但在商业逻辑迭代的今天,这种以自我为中心的模式正逐渐显露其局限性。

如果秉持利己的思维方式,很容易出现一种情况:不管用什么方法或技巧,一门心思只想着如何把东西卖出去,让客户立刻掏钱。

这虽然可以签单,但难度极大,而且很难签大单。有些情况下,就算签了单,产品与需求错位可能引发售后纠纷,成为"麻烦的开始"。

真正的大单和长期合作,往往来自利他的思维方式。这听起来可能有点反常识,却已被无数商业实践所验证。

很多年前,京瓷面临经营危机时,稻盛和夫想明白了一个道理:企业的存在,不是为了个人财富的积累,而是为了守护员工的生活、为客户创造价值、为社会做贡献,这才是企业的使命和经营意义。

因此,后来有人问稻盛和夫成功的秘诀,他就说了一句话:<u>一切成功都归结于利他之心</u>。

这种境界虽然听起来有点高,但并非遥不可及。国内的"胖东来"就是很好的例子,他们一直用利他的理念经营,最终形成员工与企业、企业与客户的双向奔赴,大家心往一处想、劲往一处使,自然能把事情做好。

如果用利他的思维方式指导销售工作,就不只是单纯地卖产品,而是帮助客户正确地购买。

例如,你和女朋友走进餐厅,点了5个菜,老板说:

"你们两个人点3个菜就够了,我们店的分量大,5个菜你们吃不完,

拿下一号位：销冠当场就签单

这 3 个菜是我们的招牌菜，吃过都说好。"

你会觉得这家餐厅的老板很靠谱，省钱不浪费，还能吃到招牌菜，下次肯定还会去，一来二去就成了常客，可能还会推荐给好朋友。

<u>当大部分精力用在帮助客户解决问题时，签下大订单只不过是时间问题。</u>

利他，并不是放弃自己的利益，而是找到了一种更聪明的方式去实现自己的目标。因为你的成就取决于你能帮助多少人，成就多少人。这是一种因果法则。

<u>利他，赋予销售正义的内核，让价值升华。</u>

被誉为"现代管理学之父"的彼得·德鲁克（Peter F.Drucker）曾说："企业的目的不在自身，而在创造客户的价值。"

<u>在销售的世界里，利他就是那枚闪闪发光的"正义勋章"。</u>当同行还在盲目地向客户堆砌产品的优点时，你从利他出发，仔细了解客户的实际需求，努力让客户变得更好，两者境界高下立判。

就拿卖净水器来说，你不只是堆砌产品参数，而是根据客户当地的水质、家庭人口、消费能力等，给出最合理的购买建议。如此一来，客户感受到的不再是商业博弈，而是真切关怀，这种认知差异直接决定了合作的深度与持久性。

<u>利他，让你化身为客户的"商业军师"，为客户的成功找方法。</u>

销售要做的，就是化身为客户的"商业军师"，帮他们找到放大生意的捷径，一飞冲天。

要想助力客户商业成功，就要深度挖掘客户战略层面的痛点。

<u>卖产品是青铜段位，卖人设是白银选手，而卖商业成功才是真正的王者。</u>

例如，客户是一家传统制造业企业，正面临着市场份额下滑、成本居

第一章 真诚"利他"吊打一切技巧

高不下的困境,还在努力向数字化转型。

此时,你销售的若是工业软件,就不能只介绍软件功能,而是深入分析客户的生产流程,找到成本高、效率低的环节,发现原材料采购流程烦琐、生产设备利用率低等问题。

根据这些痛点,定制包含供应链管理模块与设备智能监控模块的软件解决方案,帮助客户优化采购流程,实时监控设备运行,实现降本增效。

凭借这种"为客户成功找方法"的使命感,让客户真切感受到你的专业与用心,成为客户的"战略同路人"。

每个企业家其实都是企业中最孤独无助的人,他可能会拒绝别人的推销,但不会拒绝别人的帮助,这是一个优秀的销售能够和企业家同频的最佳切入点。

利他是实现共赢的捷径

我一开始做销售的时候,也和大多数人一样,满脑子想着"先搞定这笔单子再说"。虽然也能签一些小单,但总是与大单无缘。直到2005年夏天,一位商业大佬的点拨,让我彻底改变了一直以来的观念。

那时候,我正想方设法接触一个企业的老板,但他实在太忙了,直接和间接的方法都用了也约不上。就在我一筹莫展的时候,我合作过的李总刚好要和他在厦门吃饭,我就拜托李总引荐我参加这个饭局。

那天,我以李总"好朋友"的身份出现,心里紧张得不行,一直琢磨着怎么在饭桌上推销我的合作方案更合适。我端着一杯红酒,鼓起勇气去敬酒。李总帮我引荐后,我赶紧把方案递了过去,把方案的亮点和建议说了一遍。

拿下一号位：销冠当场就签单

没想到，这位大佬接过方案后，只扫了一眼，就递给我，还拍了拍我的肩膀说："浩南哥，站在我的立场看你的平台和方案，你根本进不了这个饭局，你未必能服务好我这样的客户。今天看李总的面子，我喝下你这杯酒，但我得给你个建议——站在我的角度、从企业的立场去思考问题。要是你能把这点刻进脑子里，将来你会感谢我的。"

我愣住了，但很快回过神来，跟他敬了酒。回去后，我反复琢磨他的话，试着从企业老板的角度去审视我的方案，才发现里面漏洞百出，比如完全没考虑企业的长远发展，有很多细节忽略了，然后赶紧修改方案。等我再次把方案给到他后，这位大佬很快就拍板通过了。

说实话，拿下这个客户固然重要，但更重要的是，我意识到做销售不能只是一味推销，也不能问一句答一句，而是要秉持利他思维，站在对方的角度和立场去思考，与客户同频，了解企业的痛点和深度需求，再给出解决方案。这样，不仅能和大佬们坐在一起谈合作，还能和他们成为朋友。

利他更像是一种共赢的思维方式，会让客户觉得你跟他站在同一条战线上，签单就是水到渠成的事情。

利己则生，利他则久

很多人会产生困惑：为何强调利他，对方仍存疑虑？

我也遇到过类似的问题。不论是和客户沟通，还是和老板打交道，总是强调自己的出发点是利他的。

我心里也在想：我说的都是对你有帮助的，怎么看我就是你的事了。

第一章 真诚"利他"吊打一切技巧

这样做的确很好地打开了局面，但还是不够。问题到底出在哪里呢？我琢磨了很久，才发现关键在于：<u>不仅要按照利他思维去说，更重要的是按照利他思维去做。</u>

商场如战场，老板们在商场里摸爬滚打这么多年，一眼就能看穿你是真心相助还是索取利益。

我曾经通过一分半钟的电话，成功约到了一位千亿级企业的大佬，还让我去上海拜访他。那天，我走进他的办公室，他坐在茶桌边，我自然地走过去握手，开始介绍自己和公司，强调我的利他立场。

前5分钟，我一直在输出，他一句话都没说。等我说完，他抬起头，用怀疑的眼光看着我说："你是搞传销的吧？"

我当时愣住了，心里很不是滋味。我明明是来帮他的，他却把我当成了传销的，真的很郁闷。但我告诉自己不能慌。我反应过来，他有他的节奏和思考方式，我说的利他，他未必能准确感知到，所以对我打了一个大大的问号。

他开始问我问题，我放慢了语速，并且他问一个我答一个。三个问题后，他觉得我的回答立场是真心帮助他取得更好结果，方法也还不错，于是开始更多地交流起来，最终我拿到了订单。

通过这次经历，我深刻体会到：要让客户真的相信你是利他的，确实没有办法靠一两句话做到，但还是要表达，切记不要卖弄自己，顺着客户的节奏去沟通，站在客户立场思考解决问题的办法，满足他的真正需求。与此同时，行动上也要有所体现。否则利他便如"拳头打在棉花上"，看似有力却无实效。

利他可不是喊喊口号就行的，需要做到"四位一体"。

拿下一号位：销冠当场就签单

第一，初心要利他。

不要把利他只当作一个口号，而是发自内心的。

第二，表达要利他。

把利他的想法说清楚，让客户真切感受到，而不是嘴上一套、心里一套。

第三，行动要利他。

别光说不练，行动上也要为客户着想。

真正去做的时候，暂抛"销售"标签，以"问题解决者"角色洞察需求。发现客户的问题，深度思考如何让客户的商业价值最大化，并调动你的资源帮客户解决实际的问题。这才是真正的利他思维的正确实践。

第四，专业要利他。

专业利他需要构建帮助客户商业成功的多方面能力：

一是专业诊断能力，持续学习、洞察问题并清晰诊断，精准发现企业发展中的问题；

二是方案设计能力，以客户为中心，逻辑清晰地设计行之有效的解决方案；

三是打磨案例体系，收集、分析并更新案例库，增强说服力；

四是打破内部壁垒，加强内外部跨部门协作，实现信息共享，整合资源，协同作战，为客户提供"一站式"解决方案。

当你做到"四位一体"的时候，会发现和任何客户谈合作都是顺畅的、自然而然的。很多客户会因你的笃定、坚持和自信，而最终选择与你合作。

利他思维，会让你无往不胜。 大家不妨做个练习：如何走心地让别人感受到你是真心帮助他？

第三节
利他思维的五层进阶：从利己到共赢

在销售领域，利他思维并非空洞的口号，而是蕴含着丰富层次和深刻内涵。利他思维可系统分为五个层级。

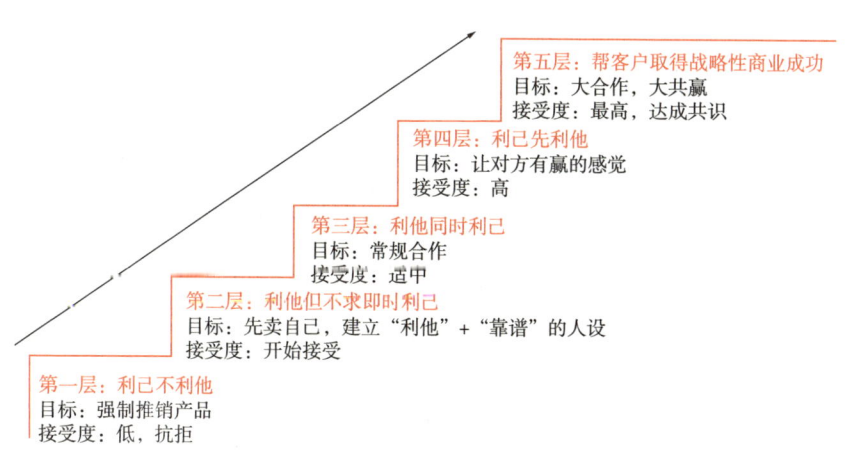

图1-1 利他思维的五个层级

拿下一号位：销冠当场就签单

从最底层的"利己不利他"，到最高层的"帮客户取得战略性商业成功"，甚至超越交易关系，成为客户的战略伙伴，这种层次性反映了销售从交易导向到价值共生的进化。每个层级的跃迁不仅体现了销售思维的进化，更反映了商业关系从"单向索取"到"命运共同体"的质变。

第一层：利己不利他

这一层次的销售思维如同两人相亲，女士上来就问有没有房、车、存款，男士则关心女士的年龄和素颜照，双方都只关注自己的需求，完全忽视对方的感受。

在销售中，这种思维表现为99%的销售人员所采用的产品思维。什么是产品思维？就是销售与客户沟通时，只聊产品的质量、优势、公司实力、品牌影响力、用户评价、价格差异等，最后逼问客户何时购买，强调限时活动的优惠力度。

比如，传统保险销售员仅强调保单收益，却忽视客户实际风险保障需求；部分房产中介为快速成交隐瞒房源缺陷。

这种销售思维的核心逻辑是以自我利益为中心，依赖话术或价格战强行推销产品，忽视客户需求，最终只能导致客户对销售产生抵触情绪。这种思维可能短期获利，但客户信任度低，复购率差，从而损害品牌的口碑。

第二层：利他但不求即时利己

这一层次的销售思维开始转变，不再是单纯推销产品，而是将重心放在建立与客户的关系上。

顶级销售明白，产品同质化时代，个人差异化是竞争关键。他们通过"卖自己"建立信任，遵循"欲取先予"的人性规律——先给予价值，再寻求合作。

第一章 真诚"利他"吊打一切技巧

这种销售方式遵循人性的底层规律：没有人喜欢被索取，没有人喜欢被推销。因此，他们采用"欲取先予"的策略，先给予客户有价值的信息和解决方案，而不是一味地索取。比如，大多数销售还在用以下的话术：

"李总，我给您发的公司产品手册您看了吗？李总有什么问题吗？随时联系。"

"李总，优惠力度今天是最大的一次，错过就要等明年了。"

"我们优惠力度可大了，名额不多了，再不买没这个优惠了。"

聪明的销售会整理一份《2025电梯广告行业避坑指南》，在添加客户好友时，除了自我介绍，还会附上这样一句话：

"张总，这是行业客户容易踩坑的地方，您务必认真看看，买对东西比买东西更重要。有问题随时联系。"

这种利他的行为，会给客户带来安全感和信任感，瞬间提升心理连接。

这种销售思维的核心逻辑是以客户利益为中心，通过提供有价值的信息或解决方案，快速建立信任和关系，为长期合作奠定基础。

第三层：利他同时利己

这一层次的销售思维被称为共赢思维，能有这层思维的销售往往能在财富与地位上取得突破。

然而，这种利他思维是有条件的，就像找伴侣要门当户对，找生意伙伴要旗鼓相当，双方都必须即时获利。这种利他虽然可以被客户接受，但难以创造超越交易本身的更大价值。

这种销售思维的核心逻辑是通过互利共赢的方式，实现双方的即时利益。它可以让你实现利益最大化，建立稳固的合作关系。

第四层：利己先利他

这一层次的销售思维已经洞悉到利他的本质就是利己。所有利他行为最终都会回归自身，只是时间维度的差异。其核心是先让客户体验"赢"的感觉。

在新潮传媒时，作为标杆营销团队的负责人，我建议老板推动"科学免费打样"，在整个新潮推出了"免费打样的案例工程"。

第一步，找出行业标杆企业，也就是对行业具有较大影响力的企业；

第二步，找到企业的决策层，实现高层互动，对齐传播目标，然后推动客户在1~2个城市采用新潮的电梯广告资源来一拨免费测试；

第三步，打样的客户有50%转化为合作客户，且多数转化为长期合作客户。

在这个过程中，我们先向客户提供了免费打样的尝试，让客户很容易地感受到我们的利他之心，客户对我们的整体实际效果也有客观感受和评估，对后续的合作自然就很有参考意义。

这种销售思维的核心逻辑是通过先让客户有利可图，建立信任和合作关系，最终实现自身的商业目标。

第五层：帮客户取得战略性商业成功

这一层次的销售思维超越了交易关系，成为客户的战略伙伴，通过资源整合与生态赋能助其实现长期目标。

例如，华为的"云+AI"战略，为传统企业提供数字化转型方案，在助其降本增效的同时，巩固自身云计算市场地位，客户对华为的需求量也会增大，从而实现很好的共生关系。

这种销售思维，在客户层面，解决核心痛点，实现业务增长或模式升

第一章 真诚"利他"吊打一切技巧

级;在企业层面,构建高壁垒客户关系,提升行业影响力并获得持续收益;在社会层面,推动产业升级或解决公共问题(如乡村振兴、环保)。

利他思维的"金字塔效应",从"推销产品"到"战略级利他",本质是商业思维从"交易导向"到"价值共生"的跃迁。最高层级的利他要求销售或者企业跳出短期利益,通过生态赋能与资源整合,与客户形成"命运共同体"。这种模式下,商业成功不再是零和博弈,而是通过助力客户成功,实现自身价值的指数级增长。

在商业认知升级的今天,"先帮助他人"已成为赢得信任的底层逻辑。销售人员需以职业自豪感与工作使命感为驱动,将利他思维转化为业绩增长的核心战斗力,在成就客户的过程中实现自我价值。

第四节
利他,签大单的秘诀

你知道吗?越是经济不景气的时候,越藏着"黄金机遇",越容易拉开贫富差距。可并非人人都能赚到大钱,只有真正懂"钱从何来"的人,才能淘到这些"黄金"。

赚钱,向来遵循"二八定律",经济下行时甚至会变成"1∶99定律"。经济的好坏只影响80%的人的赚钱难易,对于20%的人而言,经济越不好时赚钱反而越容易。

因为经济越不好,那80%的人的问题就会越多。我们以为大家都不赚钱,但看一下过去三年那些平台型公司的财报,会发现它们比以前更赚钱了。当更多人需要借助平台解决现实难题时,少数人就能借此积累财富。

所以,只有能站在80%的人的认知水平之上,才可以获得那20%的财富奖励。

第一章 真诚"利他"吊打一切技巧

记住，钱不只是赚来的，更是在你帮别人解决问题的时候，别人给予你的回报。

利他思维在签大单中的应用

干销售这行，经济寒冬下签单难，签大单更难。

但若能始终践行利他思维，不仅能挺过寒冬，还能持续签单，甚至让事业顺风顺水。

为什么这样说？利他不是成交手段，而是实实在在的赚钱方法。当你真正为客户着想，帮助他们突破商业瓶颈，跑通商业模型，实现商业成功，扩大生意规模，你自然就能成为他们的"最佳拍档"。合作越久，单子越大，利润也会随之而来。说白了，利他就是与客户共同成长、共赢。

对此，我深有体会。

自从 2005 年夏天那次饭局上得到那位商业大佬的点拨之后，我一直在践行利他思维。一次与某药厂的合作谈判，领导有事没办法参加，由我对接。在沟通中，我发现了一个问题：虽然合作按计划推进，执行中却问题频出：市场部对时间、周期、档位、预算的纠结，法务对条款的抠字眼，财务对预算的反复审核……一张排期投放表来回改了 20 多遍，不仅我辛苦，对方也很疲惫。

我觉得这样很耗费时间，就决定去北京和董事长进行面谈，更好地推进合作。出发前，我研究了他们的产品线，包括胃药、保健药等，还走访了销售渠道，准备带着问题和解决方案前往。

北京的冬天很冷，董事长本想约在正式场所谈，但我考虑到他的年龄和身体状况，建议在酒店沟通。面谈时，我不仅分析了他们的市场状况、产品优劣势，还站在他们的立场提出了一些冬季投放滋补产品的建议，给了他一种惊喜感。

董事长被我的诚意打动，不仅安排市场部和法务部快速通过了合同，还把预算从 200 万~300 万元增加到 650 万元，也延长了合作年限。

他拉着我的手说："你是唯一一个真正为我的企业着想的合作伙伴，别人只想从我这里拿钱，而你是在想办法帮我把企业做大，根据你的建议，我已经让相关流程部门马上通过方案，尽快签约，努力赶上今年冬季的营销节点。"

销售的本质从来不是"卖东西"，而是为客户创造价值。当你真正为客户着想时，客户自然会给予回报。

利他，不仅能帮你签大单，更能让事业走得更远。

利他虽好，但也应有度

利他，也是一把双刃剑。一方面，它能帮你赢得客户信任，拿下大单；另一方面，有些客户却会用它来"绑架"你，让你陷入两难。

这就很考验销售——送给客户免费试用可能损害公司利益，不送有可能丢单。

几年前，我"盯"上一家市值约 500 亿港元、赛道前三的港股上市企业，这是我们的理想客户。

企业老板很低调，沟通后，他愿意给我机会，还专门安排了见面时间。但他对我们的媒体价值不太放心，提出想免费试一试。

第一章 真诚"利他"吊打一切技巧

这可让我犯了难——送吧,对公司成本是个"大窟窿";不送吧,这单子估计就黄了。我想这或许是关键一步,便答应了。

我精心挑选了好几个城市的优质资源,从资源密度到投放周期,都给他安排妥当,就盼着能用效果说话。

第一波执行后,数据很漂亮,知名度和电商数据都有提升,可老板仍不满意,觉得未达预期,直接拒绝了长期合作。前后算下来,我和公司投入的近 10 万元调研费都打了水漂。

事后我反思——问题出在我只想着用"术"(免费试用)去打动客户,却忽略了"道"(品牌战略层面的需求)。

免费试用只是个小手段,真正能打动客户的,是站在他们品牌发展的角度,给出一个让他们眼前一亮的解决方案。

也就是说,只要解决了大痛点,小问题就不再是问题了。

此外,表明利他的同时,也要树立边界,管控客户的预期目标。

这就像你感冒去看病,买点感冒药吃几天就好了。但若想用治感冒的钱去治心脏病,那医生肯定会拒绝。

道理很简单,资源和目标要匹配,不能什么都往里装。也就是说,这件事依旧是商业行为,有公司立场、个人立场,要把"丑话"说在前头。

例如,针对这个问题,我能帮你解决到什么程度、能给予哪些资源,超出范围则需另议。这不是拒绝,而是负责,让客户心里有数,自己也能轻松应对。

凡事也会有例外。若只从自己的角度出发,似乎是客户在"免费索取",但从合作的角度看,可能是更大合作的开端。尤其是大企业的老板,不会局限于小便宜,而是从高维度思考如何做大生意。

拿下一号位：销冠当场就签单

2022年，我作为新潮传媒样板团队的负责人，对接一个大客户。对方上来就说："你既然是来帮我的，就别收钱，先给我产品。"

说实话，当时我心里也打鼓：这不会是"白嫖"吧？但转念一想，大企业老板的格局肯定不一样，或许这是大合作的开端呢？

我决定这么办：先按照利他的原则，帮他跑通一个小闭环。等他尝到甜头，感受到我们的诚意，自然就会做出选择。结果他真的与我们建立了信任，后续合作十分顺利。

后来老板也觉得这策略可行，便在全公司推广这种"小成本打样甚至免费打样"。那一年，新潮传媒给100多个客户打了样，成交率高达60%~70%，老板对这个结果十分满意。

所以，用最大的善意去服务客户，或许能收获意想不到的价值。反过来，若总用恶意揣测客户，可能会一无所获。

利他不仅能帮你签单，持续利他更能帮你签大单。你是否遇到过真心为客户好却不被领情的情况？看完这个故事，你是不是也有点不一样的想法了？下次再遇到类似的场景，你会怎么做？

第二章
建立信任，让客户只认你

拿下一号位：销冠当场就签单

在销售领域，信任是开启合作之门的金钥匙，是构建长期稳定关系的基石。那么，如何与客户建立牢不可破的信任呢？这是每一位销售人员都亟待破解的课题。

信任的构建并非无章可循，它遵循一个独特的公式——麦肯锡信任公式：

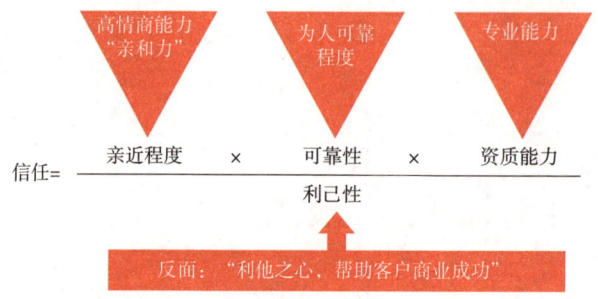

这个公式虽简洁，但要精准把握却不容易。

先看"亲近程度"，这关乎你是否有亲和力与掌握高情商沟通的秘诀，能否让客户感受到你的关心；当客户与你相处时，是否感到轻松自在，是否愿意将你视为好朋友、好参谋，你能否在分歧面前轻松化解矛盾，维护好与客户的关系，这些都直接关乎信任的建立。

再看"可靠性"，你为人是否诚实可靠，信息是否透明，是否拥有强大的执行力与很高的稳定性，这些都是让客户放心的关键要素。一个靠谱的销售人员，能让客户在合作中毫无后顾之忧。

接着是"资质能力"，你是否足够专业，是否具备足够的能力和经验，是否有相关的专业知识储备以及经得起验证的成功案例。资质能力是赢得客户尊重与信任的重要支撑，只有专业，才能在客户心中树立权威、专业可信的形象。

第二章 建立信任，让客户只认你

最后要警惕"利己性"，若你总是将个人利益置于首位，客户便会对你做事说话的动机产生怀疑。在销售中，利己性越高，信任度往往越低。反之，你越是秉承利他之心，帮助客户实现商业成功，就越容易收获客户全身心托付的信任。

若想与客户建立起深度信任，就必须在提升亲近程度、可靠性和资质能力的同时，努力减少利己性，更多地做到利他。这便是麦肯锡信任公式诠释的黄金法则。当你牢记并践行麦肯锡信任公式时，便能与客户快速建立起信任关系，为后续合作奠定坚实基础。

和客户建立信任关系，是开启合作的关键。不能建立信任，一切都是空谈。

基于麦肯锡信任公式和多年的实战经验，我把信任建立的过程细化为"八步法"。

第一步，赞美开场。

第二步，点燃话题。

第三步，解决情绪冲突。

第四步，"破冰七式"。

第五步，学会"卖"自己。

第六步，挖掘客户个人需求。

第七步，呈现方法。

第八步，达成共识。

第一节
高情商沟通

绝大多数商务沟通效果的好坏，往往取决于双方第一次沟通的感受。高情商沟通不仅能帮我们更好地表达自己，还能促进关系的建立、维护与发展。

真正的高情商沟通，是在行动上做一个发光体，而非黑洞。

那么，什么是高情商呢？

高情商就是要做到**成全自己—理解他人—成就事情。**

高情商的核心特征是"开口必助人"！真正的高情商沟通，可以通过以下三段式实现：

听——倾听且听懂对方表达的内容；

读——读出对方语言背后的心理需求；

说——恰当地表达与回应。

这三者相辅相成，是实现高情商沟通的关键。为了更好地落实"读"

这一关键环节，我们可以运用"读心二问"来深入探究对方的心理。

原因：他为何这么说/做/表现？

意图：他期待什么结果？

通过"读心二问"，我们能够更精准地挖掘对方的心理需求，从而在沟通中做出更恰当的回应，真正实现"开口必助人"的目标。

赞美开场

<u>陌生关系如果不破冰，就像在外围打仗，始终无法进入核心地带。</u>

那么，如何打开对方的心扉呢？直接讲产品吗？不，赞美比直接讲产品更容易打开话题，打动人心，也更容易与客户建立情感连接。

但须注意：千万不要为了赞美而赞美，也不要把赞美变成"拍马屁"。例如，简单地说"你真美""你穿得真好看"，这样会显得很敷衍。

<u>真正高情商的赞美，应该是真诚、走心、具体且有针对性的赞美。</u>

赞美的四个维度

一般情况下，赞美客户时，可以从以下四点展开。

事：描述事实。从具体的事实出发，让对方感受到你的关注与真诚。

感：表达感受。在描述事实的基础上，表达你的真实感受，传递情感共鸣。

意：挖掘行为意义。从对方的行为或细节中提炼动机与期待，展现理解和尊重。

连：创造未来连接。通过赞美为未来的关系或合作创造契机，让对方感受到你的诚意和期待，奠定深入沟通的基础。

拿下一号位：销冠当场就签单

例如：

××老师，我记得第一次见您是在上海的××主题的演讲现场，您演讲时有个细节让我印象深刻：为了让那本诗词的书达到更好的出版效果，您几乎到了为之疯狂的状态，特别是讲到发现错别字的时候，您都哭了。（事）

我深刻感受到，您是一位匠心打磨好书的大师，让我十分敬仰。（感）

我们的任何事业都需要这种精益求精的工匠精神。（意）

以后我出书一定要请教您！来，咱们加个微信！我有很多问题要请教您。（连）

赞美的递进式

赞美有递进式，可分为初级赞美、中级赞美和高级赞美。

初级赞美聚焦外在细节，如穿搭一类的衣服、手表、眼镜、鞋子、饰品等；或者和身体相关的皮肤、头发、眼睛等，往往是对方身上你比较欣赏的。

例如，你注意到客户的发卡很漂亮，你可以说：

"您的发卡设计独特，市场上很少见到这样的设计，而且它和您的气质非常搭配。方便问问您是在哪里买的吗？"

这样的开场白，很容易引发对方的兴趣，让他们愿意分享更多。

对于女性客户，你可以赞美她们的衣着或饰品，比如：

"您的衣服品位真好，胸针也很别致，是有什么特别的选购心得吗？"

对于企业老板，你可以关注他们的办公室布置或个人爱好，比如：

"您办公室这条龙鱼的品种真罕见，全身有三种颜色，对了李总，养龙鱼有什么讲究吗？"

中级赞美重在关联信息，如籍贯、工作、家庭、团队、人脉等，这样

第二章 建立信任，让客户只认你

<u>可以快速寻找到共同话题。</u>

例如：

我：李总，您老家哪里的呀？

李：广州的。

我：哇！真的呀？广州的美食我好喜欢，特别是早茶。（一下子就把沟通氛围打开了）

<u>高级赞美重在两个方面，一个是行为，即看见做的事情；另一个是经历，即听说的个人故事和经历。</u>

例如，我的销售同事在饭局上认识了××企业的安总，并加了对方微信。饭局后，这位同事就用高级赞美和安总进行了深入的交流，并与对方达成了3800万元的项目合作。

销售：安总，我刚发现您原来是风云人物，百度百科的榜首，久仰久仰。

安总：多关照。

销售：安总您也要多多关照指导。您才是大佬！今天跟您吃饭我都没反应过来，主要是您看起来太年轻了！

安总：哈哈，我当这是夸奖了。

销售：真是没想到，看您这么年轻，还这么优秀，我突然心理压力好大。您也经常回××城市吧？我也会去××分公司，下次我们一起出发，给您当司机。

安总：在行业里待得比较久了，确实负责××企业品牌中心、××企业的市场中心这种大品牌，资源比较多。到××企业来，也是想感受创业的激情。

销售：大企业出来的精英就是不一样，我们公司也有××企业、××企业过来的同事，确实很厉害，我都不敢懈怠。

拿下一号位：销冠当场就签单

安总：你这么机灵，那咱们出来聊聊怎么合作吧。（客户被点燃，主动提出合作）

销售：说句实话，××企业跟我们公司差不多，两个四川老板，但是有你们精英中的精英加入进来领导后，才真正变成了正规军。

安总：明天晚上喝杯咖啡？

销售：好的，您住在哪里？找您方便的地方。

安总：公司附近。

销售：好的，那明天见。安总是哪里人呀？我先看看有什么好吃的。

安总：晚上基本不吃，咱们就聊聊天。

销售：比我优秀的人还比我努力，比我瘦的人还比我狠。那明天我们就喝咖啡。

安总：好的，刚好时间也不多。

在这个例子中，销售通过关注安总的行为和经历，活学活用"事、感、意、连"，展现了对安总的尊重和理解，同时也巧妙地传递了合作的意愿，最终达成了战略合作。

点燃话题

不同年代的人感兴趣的话题

一般不同年代的人，感兴趣的话题也不同。以下是不同年代的人通常感兴趣的话题，如表2-1所示。

点燃话题的三种沟通方式

要想点燃客户感兴趣的话题，例如电影，可以采用以下三种沟通方式：

第二章 建立信任，让客户只认你

表 2-1 不同年代的人感兴趣的话题

不同年代的人	感兴趣的话题	特点
60 后	舞蹈、棋艺、追忆、养老、儿孙、家长里短等	经历丰富，关注生活回忆与琐事
70 后	国际热点、旅游、退休、生活用品、钓鱼、孩子的婚恋等	注重生活品质和个人兴趣，关心子女生活
80 后	孩子、母婴、工作、车子、房子、美食等	家庭与工作兼顾，关注生活各方面
90 后	音乐、影视剧、直播、短视频、时尚穿搭类、吃瓜、工作、婚恋等	好奇新鲜事物，注重娱乐和社交
00 后	二次元动漫、剧本杀等游戏、娱乐、电子产品、学习等	热爱科技与流行文化，努力学习成长

平行： 电影—画展—游泳—美食。这种方式是将电影与其他类似的兴趣爱好并列，通过拓展话题范围，找到更多共同点，引发对方的兴趣。

放大： 电影—电影业—影视—娱乐。这种方式是从电影这一具体话题逐步延伸到更广泛的领域，通过扩大话题的范围，让对方感受到话题的深度和广度，从而激发对方的参与热情。

深入： 电影—电影演员—演员的作品—作品的细节。这种方式是从电影这一话题入手，逐步深入更具体的细节，通过深入探讨，让对方感受到话题的专业性和深度，吸引对方的注意力。

点燃话题时的注意要点

另外，在点燃话题时，要注意以下四点。

同：同频感受。通过表达和对方相同的感受，拉近彼此的距离。

复：重复观点。重复对方的观点，让对方感受到被关注和理解。

延：延展观点。在对方观点的基础上进行延展，引入新的内容。

问：好奇提问。通过提问引导对方进一步分享，同时为后续的交流创造机会。

例如，客户告诉你，A 公司的某个女销售非常奇葩，每次说啥都不认真

听,回头又反复过来问。这时,你可以这样回答:

是吗?(同)

您是不是也觉得和不认真的人沟通很累?(复)

我跟您说,我老板非常风趣幽默,很会讲段子,下次组局叫上他,肯定有意思!(延)

对了,您周末哪个时间有空?我来组局。(问)

用这种方式,不仅巧妙地承接了客户的情绪,还顺利过渡到合作的话题上。

解决情绪冲突

情绪的四个层级沟通姿态

在解决情绪冲突之前,我们需要了解情绪的四个层级沟通姿态,以便更好地识别和应对不同的情绪状态。

支持:理解、积极、信任。处于这个层级的人通常能够理解他人,保持积极的态度,并且愿意给予信任。

开放:倾听、尊重、讨论。在这个层级的人愿意倾听他人的观点,尊重对方的感受,并且能够理性地讨论问题。

防御:回避、警觉、抗拒。处于这个层级的人可能会回避问题,保持警觉,并对他人产生抗拒。

对抗:攻击、指责、贬低。这是最消极的情绪层级,表现为攻击他人、指责和贬低对方。

情绪冲突往往是由以上四个层级的沟通姿态引发的,尤其是当人们处于防御或对抗状态时，沟通易升级为冲突。因此，我得出一个重要的结论：无开放不沟通，即<u>在非开放的沟通姿态下不进行关键事务沟通。只有当双方都处于开放或支持的沟通姿态时，才能有效解决问题。</u>

情绪降级的"四步法"

为了避免情绪冲突进一步升级，我们可以采用下面的情绪降级"四步法"。

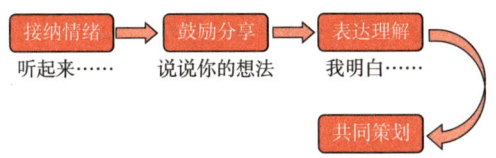

图 2-1　情绪降级四步法

情：接纳情绪。首先接纳对方的情绪，让对方感受到被理解。

享：鼓励分享。鼓励对方分享具体的原因，进一步了解对方的感受。

理：表达理解。表达对对方情绪的理解，传递情感共鸣。

策：共同策划。与对方一起探讨解决问题的方案，展现合作的态度。

例如，当你的朋友/客户跟你表达一些不满，你可以说：

你是不是不高兴了？（情）

能跟我说一说，你哪里不开心吗？（享）

我理解了，你最在意的是他的态度，他没有考虑你的感受，让你感觉辛苦都白付出了，很委屈，对吗？（理）

我们一起想一想办法（策划一下），后面避免这类事情的发生，你看好吗？（策）

通过这种方式，不仅可以化解对方的情绪，还能进一步加深彼此的信任和关系。

第二节
高情商"破冰七式"

用赞美打破僵局,暖场之后,我们可以试着用一些方法走入他们的心里。我总结了"破冰七式"供大家参考(非唯一解法),助力高效建立社交连接。

第一式,自我介绍中的高价值展示。

人与人之间的交往都会经历"盘道"的过程,即通过比较隐晦的方式了解对方的社会层级、交往价值等信息。

正如《西游记》中的孙悟空每遇到一个妖怪,都会自报家门:

"我是五百年前大闹天宫的齐天大圣。"

若妖怪说:

"你不就是一个弼马温吗?"

这时,孙悟空就会判断这个妖怪很可能来自"体制内",须借助神仙来制服它。

第二章　建立信任，让客户只认你

若妖怪说：

"我管你是谁。"

孙悟空就知道对方是个无名小妖，直接拿出金箍棒开打。

和陌生客户交流也是如此。我们可以通过自我介绍，展示自己的高价值点，让对方迅速了解你的独特性。例如：

"刘总您好，非常高兴认识您。我之前在福建广电部门工作，省委宣传部刘副部长是我的老领导，我也与贵行业省内龙头企业的总裁汪总是××大学EMBA班的同学。您在出版行业深耕多年，很荣幸认识您，以后还请多多指教。"

此类表达，对方可以快速匹配你的独特价值，并围绕某方面迅速调整成开放层级以上的沟通姿态展开交流。

第二式，星座、性格测试、《周易》等话题切入。

这些话题通常是轻松且容易引发共鸣的，例如，初次拜访客户时，可试探性提及：

"跟您聊了会儿，我感觉您像是天蝎座的。"

无论对方是与不是，话题都能展开。如果对方认同，他会好奇你是怎么知道的；如果否认，那他会说自己的真实星座。

这样，两个人就可以围绕星座聊天，氛围轻松又融洽。

第三式，与其夸耀自己，不如爆料糗事。

拜访客户时，放低自己的姿态，适当讲讲自己的糗事更易拉近距离。

例如，有次我去拜访客户，客户正在为他儿子淘气而生气，于是我便聊起读高中时因为恶作剧被老师罚站的糗事，客户听后哈哈大笑，觉得我既豁达又接地气。原本严肃的商务氛围瞬间变得轻松。

但需要注意的是，爆料的糗事应是积极的、能活跃气氛的，避免传递抱怨或负面情绪过多。

第四式，类比熟悉人物（您特别像我一个××人，对我特别好）。

这个话题可以自由发挥，可操作性很大。在第一次见面展开聊天时，通过类比熟悉的人物，可以快速建立心理上的亲近感。例如：

"您的性格（或者长相）特别像我大学舍友，真的！大学里我们虽然认识，但并不熟悉。后来我们在拉萨（或丽江）意外相遇，结伴同行。一路上，我意外地发现他虽然外表看起来冷漠，但内心特别热心。我们一路有说有笑，还发生了很多有趣的事情，现在已是莫逆之交。每次想起这件事，我都觉得特别温暖。您和他真的很像，不会也是我失散多年异父异母的亲兄弟吧？（玩笑）"

这种类比不仅能让对方感到亲切，还能让对方在心理上被暗示与你建立友好关系，同时也能为后续的交流提供丰富的切入点。不过，这种类比应该是积极的、正面的，避免让对方产生误解或反感。

第五式，话术圈人。

顶级销售的破冰逻辑并非堆砌产品卖点，也不是想方设法把客户勾住，而是让客户丝毫感觉不到在卖东西。

有位销售大神，半年赚了近百万。他说：

"就算在这么卷的市场环境下，我跟进客户的成功率也能在60%以上。"

很多人不信，但他分享了他的思路以后，给所有人都上了一课。

他说，他刚开始接触客户，不会围绕产品说个没完，而是先调整客户的心理状态。例如：

"张总，在您眼里，我可能就是个销售，您担心我会打扰您、缠着您。

第二章 建立信任，让客户只认你

但放心，这种情况在我这里绝对不会发生，我一直秉持双向奔赴的合作态度。再说了，市场上有这么多选择，我再怎么优秀，也只是您的一个选项，选择权还是在您。所以，从今天开始，您就把我当成市场上的专业咨询顾问，即便不合作，您在这个陌生的市场多一个懂产品的朋友也无妨，我们保持联系。"

这番话术，能让客户感受到尊重和专业。客户有什么风吹草动，也会第一时间咨询他。这样，他就可以掌握客户的一手动态，从而实现"不销而销"。

第六式，寻找共同性（跟您一样，我也喜欢……）。

通过提及共同爱好或兴趣，可以迅速找到共鸣。比如：

"我跟您一样，也喜欢美食／读书／打篮球。"

"我看到您桌上有羽毛球拍，约个时间一起打球呀？"

这样可以让客户觉得你和他有相似之处，从而更容易建立信任。

如果是在外地展会上不经意间碰到符合目标画像的客户，破冰的诀窍在于迅速亮出差异化，把工作氛围切换到生活氛围，从而轻松拉近彼此距离。

例如，在简单自我介绍后，可以问客户什么时候离开，然后顺势提及：

"李总，我看您朋友圈也是各种美景，我也很喜欢旅游。我知道这城市有好几个特别好玩的景点，咱们可以一起去逛逛。"

"王总，我看您朋友圈也是各种美食拍不停，我知道有家特色小吃店，他们菜式很有特点，平时去都要排队，但我托朋友订了位置，您要是感兴趣，咱们一块儿去尝尝。"

通过这种方式，让客户感受到你的诚意，为后续合作打下基础，也让销售过程更有人情味。

第七式，备好闲谈时能用得上的三大爱好（培养爱好）。

刻意培养一些普适爱好，关键时刻能派上用场，甚至会有巨大收获。

例如，你热爱体育，遇到同样喜欢某球队的客户，约着一起看球，一瓶啤酒、一个晚上，两个人便能迅速升温关系。

不过，培养爱好需要时间和精力，不适合所有人，可以根据自身情况选择适合的爱好。

这些破冰方法，在线下见面拜访时会很实用，希望能帮你打破陌生感，迅速建立联系。

第三节
学会"卖"自己,展示靠谱和专业性

在营销领域,"自我营销"的能力直接影响成交结果。这不仅关乎产品能否售出,更核心的是让客户感知到你的专业性与靠谱度。

事实上,靠谱、专业且值得信赖的销售人员,更容易赢得客户长期信任与合作机会。

"植入"靠谱的人设

展示靠谱人设的第一步是让客户感受到你的诚信、仗义和真心实意。一个简单而有效的方法是通过故事"植入"人设,把关键信息巧妙融入故事里,展现自身价值。比如,你可以分享一个敢于对客户说"不"的故事。

我服务的一家公司,他们采购部门之前看中了我们的一款顶配设备。这款设备性能确实很强劲,但价格远超他们的预算,采购部经理却执意要下单。

我清楚他们的实际需求，就直言不讳地提醒他："张经理，其实这款设备70%的高级功能您都用不上！现在买它，等于白扔预算。"接着，我向他推销了另一款性价比更高的基础版设备，"这款基础版完全匹配您的核心需求，您选它，省下的钱还能做别的投入。"

当时我的领导就在旁边，我心里很担心，怕他事后会责怪我自作主张，错失了高价订单，手心都捏出汗了。但如果不说实话，我觉得这有违我的职业道德。

讲这个故事时，我无意中告诉了客户：我是一个"正直、靠谱"的人，值得被信赖！这样，客户就会比较容易接受并认可我。

建立专业的形象

展示专业性是赢得客户信任的关键。要做到这一点，可以从以下三个标准打造。

第一，穿什么。

你的穿着决定了客户对你的第一印象，是对方能否接受你的关键。

外在形象包括五个维度：服装、发型、配饰、体态和自信。得体的服装、整洁的发型、精致的配饰，以及自信的体态，都能让客户感受到你的专业与用心。

第二，干什么。

"干什么"包括你的名字、背书和头衔，身份定位的清晰传递。

名字代表着你的定位，能不能让客户很清晰地知道你是做什么的，甚至只需要介绍一次就能够记住你。

第二章　建立信任，让客户只认你

背书就是借用第三方的信誉来为你做消费承诺，例如权威机构的认证、所获荣誉、媒体报道等。

头衔则能够通过职业联想到你的专业性，例如某某机构的特聘教授、学者、首席专家等。

第三，说什么。

"说什么"也包含了四个维度：行业知识、你的经验、结果体系和案例实证支撑。

行业知识包括产品知识、技术知识、竞争对手的情况、客户的需求和痛点，以及你的解决方案，这些都要如数家珍。

在这个行业的从业时间是衡量你的经验的重要指标。长时间的积累能够让你具备独立拿到结果的专业能力。

结果体系包括你在这个行业内的知识体系、技能体系和经验体系，有体系代表着你能够提炼可复制、有效果的方法论。

案例实证支撑，则是你的方法论能够帮助别人达到结果的有力证明。

只有同时满足"穿什么""干什么""说什么"这三个维度，才能说明你是一个真正专业的人。这是一般销售与专家型销售的区别，我们都要朝着这个方向不断努力。让自己变得专业，是建立信任的重要因素。

所以，面对客户，尤其是大客户，切忌上来就谈需求、做方案，要先用心去建立信任。**打动客户往往就是这些小事儿，用心做好每件小事儿，建立信任就会变得轻松。**

你在服务客户时，是否有过通过细节建立信任的案例？

第四节
先人再事，建立初步信任

当陌生人突然向你推荐某件商品时，你会立刻购买吗？

事实上，这很难。因为你不了解对方，不知道他的为人和做事风格等，自然会心存疑虑。

但如果这个陌生人通过一些方式让你逐渐了解他，甚至帮助你解决了实际问题，此时再向你推荐商品，结果往往会不同。你的购买意愿可能会显著增强。这是因为，通过具体事件，你已对其个人能力、可靠程度形成了基础判断，内心有了安全感，自然更易接受对方进一步的行动。

所以，在与客户打交道的过程中，要想建立信任，一定是先关注人，再关注事。这个顺序至关重要，千万别弄反了。

第二章 建立信任，让客户只认你

挖掘客户个人需求

在拜访客户时，要关注人，用提问的方式挖掘客户的个人需求，而非直接切入业务话题。

提问可以从轻松的日常话题入手，例如：对方是哪里人、兴趣爱好、星座、子女情况、饮食习惯等。通常问五六个问题后，就能找到客户生活中的痛点或爽点。

痛点是客户当前面临的困难或需求，你可以进一步引导，提供你力所能及的解决方案；爽点则是客户希望实现的理想状态，你要尽力去放大其价值。

无论是痛点还是爽点，都可以成为你与客户建立联系的关键切入点。

在挖掘客户的个人需求时，可以借鉴马斯洛需求理论进行拆解，进一步细化为以下六大方面：

最底层，是生存需求，可以形象地描述为"今天有饭吃"；

第五层，是安全需求，可以形象地描述为"天天有饭吃"；

第四层，是社交需求，可以形象地描述为"有人陪我吃"；

第三层，是尊重需求，可以形象地描述为"有人请我吃"；

第二层，是自我实现需求，可以形象地描述为"我想怎么吃就怎么吃"。

在此基础之上，还可以延伸出一层，即第一层，超越自我需求，可以形象地描述为"我要为别人有饭吃而努力"。

通过这"5+1"层次的拆解，无论客户是普通员工、采购经理、品牌总监，还是企业高管或老板，都能精准定位其个人需求。

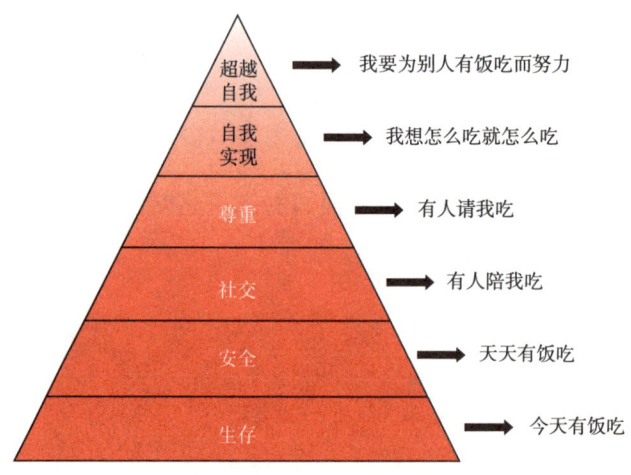

图 2-2 客户的六层需求

通常情况下,客户的需求可以分为以下六个方面。

第一,健康。

这是每个人都会关注的领域,尤其是家人的健康。你可以从家人的健康角度切入,提出更贴心的问题。例如,你可以问:

"您平时有关注家人的健康状况吗?比如父母的身体情况,或者孩子的成长发育。"

如果客户表示关注,你可以进一步深入:

"现在很多家庭都面临着健康养生的问题,比如老年人的慢性病管理、孩子的营养均衡等。我最近了解到一些实用的养生方法,特别是针对老年人常见的高血压、糖尿病等慢性病的日常调理。如果您感兴趣,我可以分享给您,甚至可以推荐一些知名的专家,帮您预约,让您的家人得到专业的建议和治疗。这样不仅能解决实际问题,还能让家人感受到您的关怀。"

通过聚焦客户最关心的家人健康,提供实际帮助,可迅速拉近双方距离,建立信任基础。

第二章 建立信任，让客户只认你

第二，教育。

孩子的教育是各阶层客户的共同关注点。可参考以下提问：

"您孩子多大了？上几年级？学习成绩还不错吧？"

如果客户的孩子学习成绩很好，你可以推荐高层次的夏令营，让孩子拓宽视野；如果客户的孩子学习成绩有待提高，你可以介绍提分辅导资源，这无疑是解决了他的一个大难题。

如果你是一名"职业生涯规划师"，经过专业培训，还可以帮助客户孩子做好职业规划。通过专业的评估和建议，帮助客户的孩子明确未来的职业方向，提前做好准备。这不仅能让客户的孩子在学业上更有目标，还能让客户感受到你对孩子的全面关怀。例如，你可以问：

"您有没有考虑过孩子的未来职业方向呢？"

如果客户表示感兴趣，你可以进一步提出：

"我受过专业的国际职业生涯规划师训练，可以约上您的孩子，我给他设计一套测试题，发掘他的个人天赋优势。我可以帮助孩子制订详细的职业规划，帮助他更好地规划学业和未来。如果您和家人有时间，一起来参加，讨论下孩子的未来发展，共同为孩子助力。"

第三，社交。

社交需求是马斯洛需求理论中的重要部分。你可以尝试提问：

"您最近是否想结识行业大佬？"

如果客户有这个需求，而你恰好有相关的人脉资源，就可以帮他们牵线搭桥，组个饭局互相认识。这种帮助能大大提升客户对你的认可度。

第四，安全。

我在和客户沟通的时候，发现很多中层管理者（如品牌负责人）的内

拿下一号位：销冠当场就签单

心深处有一个非常大的痛点，就是职场安全。

例如，面对严峻的就业形势，他们会担忧自身在公司的稳定性。此时可主动传递价值：

"我认识一些企业的老板，他们跟我提过缺某方面的人才，让我推荐合适的候选人，如果您未来有职业变动的想法，我可以帮您推荐。"

这样不仅能解决客户的痛点，还能迅速成为他们的好朋友，当他们有工作变动或需求时，会第一时间想到你。反之，当你需要协助时，客户也更愿意提供支持。

第五，运势。

很多人，尤其女性喜欢聊星座、血型、MBTI 性格测试等。如果你对这些领域有研究，能和对方聊的话题也会很多。

即便不深入解决问题，通过分享此类话题提供情绪价值，也能快速拉近与客户的距离，建立朋友般的信任关系。

第六，生活。

生活中的需求场景很多。例如，你可以问：

"最近有一家网红／××主题餐厅很火，就在××山顶，去用餐的人都必须穿汉服，更美妙的是他们那里超级出片的，你看这个照片是上次我带朋友去照的，还有儿童娱乐区。我与店主私交甚好，可优先预订座位。我跟你这么投缘，就给我个机会。这周末抽个时间，我带你一起去领略一下别样的美食文化，相信我，没错的！"

如果客户是个美食爱好者，你可以邀请他去品尝特色美食、打卡网红餐厅，甚至提供摄影服务等，这种贴心的安排能提供很好的情绪价值，拉近彼此的距离。

第二章　建立信任，让客户只认你

呈现解决方法并实施

在销售过程中，遇到难啃的"硬骨头"客户，是常有的事。

我之前碰到的一位客户，已经在竞争媒体上投放了近亿元，按理说合作难以突破。但我认为机会总是有的，只是需要下一番苦功夫。

这个老板日常事务比较多，性格偏冷淡，我们的距离也比较远，想见面有点难。在这样的情况下，迅速建立信任并挖掘需求的难度可想而知。

当时，我打听到大学师兄和他有交情，于是赶紧让师兄引荐。我师兄专门拉了个群，互相介绍后，我和这位老板才算搭上了线。这就好比用低成本解决了基础信任的难题。

我赶紧加了这位老板的微信，开门见山地说："××总，我知道您已经和我们的竞媒合作了，但我们之间合不合作没关系，我想和您认识一下，有机会的话我去拜访您。"

他回道："拜访就免了，但有些问题要问你。"

于是，我们约定 18:30 通个电话。

我准时给他打过去后，他一连问了好几个问题，比如，你家媒体和竞媒有什么不一样？你们的价格体系是怎样的？有没有流量层次和价格的对应关系？你自己有哪些独特的资源和能力？

我认认真真地回答完这些问题，也开始琢磨他的需求到底是什么，我能帮他解决哪些问题。

我就对他说："××总，我服务过不少同类型客户，真心希望能帮到您，您对公司未来3~5年有什么规划？企业发展目前遇到了哪些难题？"

拿下一号位：销冠当场就签单

他这才打开了"话匣子"，说他以前也是个穷小子，做这家企业就是向太太的娘家人证明自己有本事，这家企业相当于送给太太的礼物。现在，这家企业经营了十年，今年希望企业能有大发展，也是给太太一个大惊喜。

从这番话里，我隐约感觉他在很多事上会在意太太的想法。后来，我通过师兄打听到了他太太的生日和喜好，还知道了公司十周年那天恰好是他们结婚十周年纪念日。于是，我送了一个漂亮的花篮和大蛋糕，表达了我的一点心意和祝福。他太太收到后，觉得这个合作伙伴特别在意她的感受，这位老板在他太太面前也很有面子。

虽然这个举动没帮上什么大忙，但这位老板和他太太对我的认可度直线上升，成功传递了情绪价值。

通过这件事，我得到了一个关键信息：他们的App获客成本迅速提升，最迫切的需求就是尽快把获客成本降下来。我坦诚地跟他说，我无法保证这件事一定能成，但可以通过测试来验证可行性。他很配合。本来我们公司有十几名销售同时跟进他们，但他立刻给我们公司开了独家跟进指定服务授权函，说我的服务最专业。随后，我们迅速展开了第一波测试，并草签了合同。

我希望你能明白，在挖掘到客户的个人需求之后，就要及时呈现自己的解决方法，并且采取行动去满足。

多数客户对合作结果持开放态度，但会暗中观察你的执行能力。若能推动事项落地，合作已成功大半；若能切实解决问题，则会形成"靠谱、有能力"的深刻印象，奠定长期信任基础。

但也要注意，不要仅根据你当下和客户的沟通，判断你们之间关系的

第二章 建立信任，让客户只认你

好坏，还是要看能否把关系渗透到他的家人，一旦建立家庭的连接，关系会变得牢不可破。

此外，你也要时常检查客户的个人需求情况，把个人需求或痛点描述、解决方案和解决时间都整理在一个表上，会更加明确。

表2-2 个人需求检查表

项目	个人需求或痛点描述	解决方案	解决时间
1			
2			
3			
4			
5			

信任是主观的，看见并满足人的需求，信任自然产生。回顾过往，你是否会优先考虑客户的个人需求呢？

第五节
"说到做到",奠定"牢不可破"的信任基石

在销售职业生涯初期,我常犯的错误是一见面便直接询问客户的需求,随后匆忙制作方案、提报方案。直到有一次客户反问:"你是来要债的吗?"

还有的客户甚至直言:"我没有需求,你走吧。"

这些经历让我深刻意识到:客户还不了解我、信任尚未建立,谈合作无异于空中楼阁。试想,市场上销售众多,客户凭什么选择你?

信任,是一切沟通的基础。客户对你越信任,沟通越顺畅,合作的可能性也越大。

因此,谈合作,要花 60% 的时间去建立信任,用 30% 的时间塑造价值,用剩下 10% 的时间去打消顾虑。

第二章　建立信任，让客户只认你

如何达成共识

当你挖掘到客户的个人需求，并准备采取行动时，接下来的关键一步就是和客户达成共识。达成共识包含两个方面：

第一，个人需求的共识。

这是最基础的一步。例如，当发现客户有"孩子提分"的教育需求时，可向客户说明自己认识某位资深的老师，擅长提分辅导，如需协助可帮忙联系。

需注意：若客户明确同意，方可推进；若未明确表态，切勿擅自行动——"惊喜"与"惊吓"往往只有一线之隔。

第二，阳光利益共识。

在满足个人需求的基础上，需让客户对你的人设、资源、能力等方面达成共识，确信你可以帮助解决公司的需求。

只有建立这两个共识，才能真正赢得深度信任。否则，双方的偏差会导致后续动作跑偏，影响结果。

那么，如何与客户沟通利益共识呢？需要从公、私两个角度入手。

于公：表明合作旨在助力客户企业提升专业领域权威、优化运营效率，推动行业地位升级。

于私：表明作为好伙伴、好朋友，希望通过合作帮助对方取得成绩，助力对方完成 KPI[①]，赢得公司领导的认可，实现职业进阶。例如，可以这样对客户说：

---

① Key Performance Indicators，关键绩效指标。

拿下一号位：销冠当场就签单

"你是我的好伙伴，我会全力协助你在岗位上创造更大的价值，你引荐我，我必不会辜负你的信任。"

通常情况下，<mark>你要先和客户对齐目标，再说明具体行动步骤、资源需求、时间周期、配合事项等。同时，做好预期管理，清晰界定交付成果，切忌过度承诺</mark>。这样做容易赢得客户认可，继而得到引荐认识高层领导的机会。客户会向老板介绍你是个靠谱的供应商，能力强，有具体的解决方案，让老板判断是否要合作。

但如果客户不愿意向上引荐，说明对你还不够信任，担心你不靠谱，得不到上级认可，也怕你把事情搞砸，损害他的声誉。所以，<mark>你要先树立一个靠谱的人设，才能建立信任</mark>。

我之前对接广东一个饮料大企业时，先接触的是公司的品牌总监，想通过她引荐认识公司老板，一直未有突破。

她平时睡眠质量不高，比较注重养生。我针对她的这个需求做了很多尝试，后来了解到灵芝孢子粉对改善免疫力和提升睡眠质量有帮助，就推荐给她。她服用一段时间后，睡眠确实有改善，由此认为我比较靠谱，还很专业。

于是，我适时提出"助力品牌传播"的合作诉求，并展示公司在品牌建设领域的专业能力，最终获得引荐机会。

所以，通过靠谱人设建立连接，取得信任，并在情感上得到认同，被接受后才有更多可能性。

但很多人会不好意思，总觉得自己才刚刚帮忙解决了一个需求，就提出自己的需求，目的性太强了。其实，那才是最好的时机。因为你帮客户解决了问题，再明确提出你的需求——需要贵公司这个案例，是很正当的。

而且，当你把这个需求提出之后，客户的"爽感"会瞬间出来。因为，成功后你获得的是"名"，而客户获得的是"利"，双方都受益。

小动作大作用

当你和客户达成生意发展的利益共识后，一些看似微不足道的小动作，往往能起到意想不到的大作用。它们不仅能巩固信任，还能让关系更紧密。

第一，拜访后，分享访谈笔记及问题解决时间表。

这代表你把客户当作一个特别有价值、特别值得尊重的人看待，是在给他提供情绪价值。

访谈笔记可以通过微信点对点进行分享，总结沟通的要点、问题解决时间表、下一阶段的落实方法等。

这样做最重要的目的是针对沟通内容达成共识，又可通过客户修正偏差，精准锁定企业核心需求。

第二，践诺——实现承诺。

把帮助对方实现个人需求的承诺落实到具体行动方案上，及时展示给客户。这相当于给他吃了一颗"定心丸"，也证明你靠谱、有能力、说到做到。

第三，请求可完成的小帮助，并表示感谢。

这能让客户感受到自己被需要，也能增进你们之间的互动和联系。

善用富兰克林效应。

1736年的某一天，富兰克林在议院发表演讲时遭到了一个议员的激烈

拿下一号位：销冠当场就签单

反对，对方的不依不饶让他很尴尬。但富兰克林为了笼络这个议员，想了一个奇招。他听说议员家里有一套很稀有的书，于是毕恭毕敬地给议员写信借书。没想到，这个议员竟然同意了，而且就这样有来有回了好几次。后来，议员见了富兰克林竟然主动开始打招呼了，两人最终化敌为友，一直保持着很深的交情。

让别人喜欢你并加深关系的一个有效方法是让他们反过来帮助你。在销售领域有一个经典案例，它揭示了这种策略在销售领域的巧妙运用。

美国有一位吸尘器销售冠军上门推销产品时，他没有直接介绍产品，而是先礼貌地向客户要一杯水喝。在等待水的过程中，他通过轻松的闲聊自然地提到自己的工作和产品。这种方式让客户毫无压力，降低了戒备心理，从而大幅提高了推销成功率。

不过，富兰克林效应有其限制条件。

首先，你必须让对方迈出第一步，初始诉求要简单易行，不能伤害对方利益，最好是举手之劳。

其次，态度要诚恳，避免让对方反感。

最后，频繁索取帮助时，必须有所回应，哪怕是口头感激，否则对方会感到失衡。

富兰克林效应可以帮你一时，但人际关系的维系最终还是要靠价值互换。

第四，送一份有特殊含义的礼物。

在客户帮助你之后，你可以精心挑选一份有特殊含义的礼物来表达感谢，这不仅是一种对对方付出的认可，也是一种情感上的回馈。这种"有来有往"的互动，符合人与人之间价值交换的基本原则，即"小帮忙，大感谢",从而让双方的关系更加紧密。

因此,送礼不仅是一个动作,更是一种情感的纽带,它能将"帮忙"和"感谢"紧密连接起来,形成一个完整的关系闭环。

第五,邀约对方来一次办公室外的交流。

为了营造更轻松的交流氛围,我们可以根据客户性别选择合适的交流方式。和男士可以约着一起吃饭,和女士可以约着一起逛街。换个轻松的环境交流,能让客户更放松,有助于拉近关系。

良好的客户关系构建可以分为以下五个阶段:

第一个阶段,从办公室开始,先在工作场景中与客户建立初步联系;

第二个阶段,将交流场所转移到咖啡厅,进一步增进彼此的了解;

第三个阶段,可以到餐厅,通过共进晚餐等方式加深感情;

第四个阶段,当关系更加亲近后,可以邀请客户到自己或销售的家中,成为座上宾,让客户感受到更多的热情和诚意;

第五个阶段,还可以一起参加学习活动或旅行,共同体验、研究新事物,进一步巩固和升华彼此的关系。

此外,我们还可以通过关怀客户家人(如问候长辈、关注子女),将信任从"职业关系"延伸至"家庭连接",进一步筑牢关系根基。

第六,联合创新项目,以小闭环撬动大合作。

联合创新项目,是一个比较特别的概念,是基于客户痛点和需求,用小体量的方式帮客户公司跑通第一个闭环,达成第一个业务结果。

例如,客户的痛点是获客成本高,现在要降低成本。你可以提议先在某个小城市或者某个城市的某个区域把联合创新项目走完第一个闭环,成功后再在全国范围内铺开。在这种小闭环能跑通的情况下,客户有安全感,能够完成 KPI，其结果要求得到了有力的保障，自然愿意大量合作。

关系是一个层层递进的过程，懂得层层递进地拉近关系，是业务成功的开始。

你在和客户关系的推进上是一步步来的，还是喜欢绕过很多步骤直接往前冲呢？

3

第三章

从战略痛点出发，精准深挖需求

拿下一号位：销冠当场就签单

你知道销售成功的关键是什么吗？不是滔滔不绝的口才，而是精准挖掘并洞察客户需求。

销售的核心就是发掘客户的需求，这是一个发现问题、分析问题、解决问题的过程。即使产品再好，关系再牢固，如果不符合客户需求，客户也不会买单。只有当客户存在需求，而你恰好能满足时，才是真正的机会。

为了取得更好的效果，我们将从微观和宏观两个维度入手，深入挖掘客户需求。具体方法结合黄金圈法则和"SPINS"模式。其中，黄金圈法则从微观提问的视角，深入探索客户需求的本质；而"SPINS"模式则从宏观维度进行需求放大和战略引导。

通过黄金圈法则精准定位客户的核心需求，再借助"SPINS"模式将这些需求进行放大和战略化引导，从而将客户的潜在小需求转化为具有战略意义的大需求，为销售成功奠定坚实基础。

第一节
黄金圈法则：还原需求真相

黄金圈法则，源自领导力专家西蒙·斯涅克（Simon Sinek）的独到见解，是一种深入探索动机的思维模型。

运用黄金圈法则的关键在于遵循思考顺序：首先明确"为什么"要做某事，其次规划"怎么做"才能实现目标，最后才聚焦于具体"做什么"行动。

这一过程并不复杂，关键在于深入思考和明确方向。在定义"为什么"时，我们要做的第一件事就是找到做事的核心信念和问题本质；在规划"怎么做"时，要确定实现愿景的具体方法和路径；而最后聚焦于"做什么"时，则是基于前两步的成果，明确具体的行动计划和预期成果。

许多销售人员一见到客户就急于介绍产品，往往忽略了客户的真实需求。

我们举例来说明普通销售思维和黄金圈法则的运用方法。

例如，一家服装店的店员接待一位女顾客。

拿下一号位：销冠当场就签单

用普通销售思维沟通

销售：您好女士，欢迎光临！您需要买什么样的衣服？

女顾客：我想买套正装！

销售：好的，这款是今秋最畅销的套装，性价比高还有赠品。（做什么）

女顾客可能转身就走了。

用黄金圈法则沟通

销售：您好女士，欢迎光临！有什么可以帮到您的？

女顾客：我想买套礼服。

销售：您买礼服是用于什么场合？（为什么）

女顾客：我后天要参加一个晚宴，需要上台演讲。

销售：您希望呈现主角气质还是职业形象？（怎么做）

女顾客：我不能喧宾夺主，保持职业形象就可以。

销售：好的，我给您推荐这款××职业装，另外，我们也有很好的头饰、胸针、腰带等配饰供您选择，展现您的知性大方。（做什么）

这位女顾客走进服装店，并非单纯想买衣服，而是为了参加一场重要晚宴，需要选择全套的合适穿搭。通过黄金圈法则，先了解活动场景、客户喜好、风格等需求，再推荐产品，成交概率会大大提高。

真正的销售高手，凭借敏锐的洞察力和耐心倾听，深入挖掘客户的内心需求。他们深知，只有精准把握客户的痛点和期望，才能推荐出真正符合客户心意的产品或服务。当客户真切感受到销售人员是在为他们着想，而不仅仅是推销产品时，信任便会在无形中悄然建立。而这种信任，正是交易顺利达成的关键基石。所以，想成为销售高手，先从学会挖掘和洞察客户需求开始。

第三章　从战略痛点出发，精准深挖需求

什么是需求

那么，什么是需求呢？需求是现状与期望之间的差距。它并非客户直接提出的表面要求，而是隐藏在背后、真正需要被满足的底层渴望。

通常，需求分为以下五种类型。

显性需求

显性需求是客户直接告知的需求，是最容易理解的，也是绝大多数销售场景中必然会遇到的。只要是一次有效的沟通，都会涉及显性需求。

例如，客户去房屋中介，会直接告诉销售自己需要买房子或租房子；企业需要给大量用户群发短信，就会明确告知通信服务商需要群发短信服务。

这类需求是摆在明面上的，大部分销售与客户沟通往往也停留在显性需求层面。然而，仅仅关注显性需求是不够的，就像"只见树木，不见森林"，只能看到眼前和表面的东西，却容易忽略长远和深层的内容。

隐性需求

隐性需求极为重要，它相对于显性需求往往不直接表露，客户通常不会主动、有意识地告知。但隐性需求才是显性需求背后真正的需求，是客户内心深处真正渴望满足的部分。

有一个老太太买水果的故事：

老太太去菜市场买苹果，路过四家水果摊。四家卖的苹果品质相似，但老太太并没有在最先路过的第一家和第二家买苹果，而是在第三家买了一斤，更奇怪的是在第四家又买了两斤。

路过第一家水果摊时，老太太问摊主："苹果怎么样啊？"

拿下一号位：销冠当场就签单

摊主回答："我的苹果特别好吃，又大又甜！"

老太太摇摇头走开了。

老太太又到第二家水果摊，问摊主："你的苹果什么口味的？"

摊主措手不及："早上刚到的货，没来得及尝尝，看这红润的表皮应该很甜。"

老太太二话没说扭头就走了。

老太太到第三家水果摊时，摊主问："老太太，您要什么苹果？我这里种类很全！"

老太太说："我想买酸点的苹果。"

摊主说："这种苹果口感比较酸，请问您要多少斤？"

老太太说："那就来一斤吧。"

买完后，她又看到第四家摊位的苹果，便去询问："你的苹果怎么样啊？"

摊主回答："我的苹果很不错的，请问您想要什么样的？"

老太太说："我想要酸一些的。"

摊主问："一般人买苹果都是要大的甜的，您为什么要酸苹果呢？"

老太太说："我儿媳妇怀孕了，想吃点酸的。"

摊主说："老太太您对儿媳妇真是体贴啊，将来儿媳妇一定能给您生一个大胖孙子。几个月以前，附近也有两家要生孩子的，她们就来我这里买苹果，您猜怎么着？这两家都生了个儿子！您想要多少？"

老太太被摊主说得高兴了："我再来两斤吧。"

摊主又对老太太说："橘子也适合孕妇吃，酸甜，还有多种维生素，特别有营养，您要是给儿媳妇来点橘子，她肯定开心！"

老太太说："好，那就再来三斤橘子吧。"

第三章 从战略痛点出发，精准深挖需求

摊主："您人可真好，摊上了您这样的婆婆，儿媳妇实在太有福气了！"

摊主称赞着老太太，又说他的水果每天都是几点进货，天天卖光，保证新鲜，要是吃好了，让老太太再过来。

在这个故事中，最初老太太只是想买酸的苹果，这是她的显性需求，但背后隐性需求是想满足怀孕儿媳妇想吃酸东西的愿望。了解了隐性需求后，销售就可以提供更贴合客户内心期望的解决方案，从而在竞争中脱颖而出。

明确需求与隐含需求

明确需求的特点是客户会给我们提供非常明确的指标数据，例如"我们需要 315 台设备""我们需要把市场占有率提高 6.3%""需要把压力值设在 1.6，电量设置在 120 千瓦"。这些明确的数据指导就像写在标书里的内容，需要我们严格按照要求去执行。

明确需求还有一个更广为人知的名字——要求。在实际销售过程中，需求和要求这两个概念容易被混淆。很多时候，销售人员会把客户的需求当成他的要求，或者把客户的要求当成他的需求，从而导致丢单。

要求，就像客户递给你的愿望清单，上面写着"我要你们给我最低价格""我要吃满汉全席"。这些愿望具体、可量化，看似很好实现，但似乎也非常容易被替代。

需求，是一个人发自内心深处的底层需要。它不可以完全量化，但可以描述，比如，"我饿了""我渴了""我累了"。这必须去满足，如果不满足，事情就无法进行。

也就是说，要求只是需求的外在表现，但并不等于需求。

我们可以结合萨提亚冰山理论，探讨一下需求和要求之间的区别。你所看到的要求，是海平面上露出的一小部分。然而，仅仅解决这外露的一

拿下一号位：销冠当场就签单

小部分是不够的。实际上，隐藏在海平面以下的一大部分，才是真正要去看到并解决的关键，即需求。

图 3-1　萨提亚冰山理论示意图

一旦你把客户的要求当作需求去满足，就会发现拼尽全力也很难得到满意的结果。

例如，客户说"请给我一份满汉全席"，你以为这是他的需求，想尽办法去满足。其实，他的真正需求是"我饿了"，这个需求背后可以用多种方法去满足，比如一碗兰州拉面或一份简单实惠的盒饭，满汉全席反而成了一个不必要的选择。

所以，我们不仅要满足客户的明确需求，更要挖掘其背后的隐含需求。

隐含需求是指客户想要达到的效果，明确需求只是实现这个效果的手段。

例如，客户提了一个明确需求，需要在墙上凿一个直径 2.5 毫米的洞。如果我们只关注到客户的明确需求，可能给客户提供的方案会是锤子加钉子组合。但如果了解到隐含需求是客户想要挂一幅画在墙上，那么我们就可以提供粘钩等其他不破坏墙面的解决方案，从而实现差异化，满足客户真正想要达到的效果。

组织需求

组织需求是针对客户企业整体层面的需求，包括以下五个方面。

第三章　从战略痛点出发，精准深挖需求

第一，用户体验：用户是企业生存的基础。优秀的企业往往愿意投入资源提升用户体验。以苹果公司为例，其从专卖店环境到产品设计都致力于提供超越同行的用户体验。

第二，市场发展：企业的核心目标是发展壮大。若产品或服务能帮助企业提升市场占有率、开拓新市场或加速市场布局，则更容易获得合作机会。

第三，风险管控：企业经营必然伴随风险，规模越大风险越高。特别是国有企业，往往更注重风险控制。因此，有效的风险管控方案更能获得这类企业的青睐。

第四，开源节流：这是最常见的基础需求。开源指的是提高收入、营业额、利润率等；节流则是控制成本，包括降低固定成本、缩短回款周期、减少浪费、优化采购等。

第五，口碑风评：在信息时代，企业口碑直接影响生存发展。负面事件可能导致品牌危机，造成市值暴跌甚至陷入经营困境。

需求从哪里来

你可能疑惑，为什么需要挖掘需求？

痛点 = 需求，大痛点 = 大需求。痛点越大，客户解决的意愿就越强，预算投入就越大。这是相匹配的。

需求主要来自三个方面。

其一，行业痛点。

各行业都存在一些普遍的、未解决的问题，这就是行业内存在的痛点。如果你率先提供解决方案，推出独特的产品或服务，自然会获得市场先机。

其二，企业战略痛点。

每个企业都有战略目标，也会有具体的行动计划与之相匹配。

但是，目标和实际执行之间往往有很大的差距，这个差距就是企业的痛处所在。

如果你能洞察到企业在实现目标过程中的一些阻碍，并且提供有效的解决方案，就能成为其发展道路上至关重要的助力者。

其三，决策者痛点。

作为一家企业的决策者，往往是孤单的，心里都会有一些难以言明的困扰。

如果你能和他们深入沟通，并发现他们内心深处的痛，就可能得知其具体的真实需求。

如何准确挖掘需求

当你从客户口中得到了一些信息，不要立刻采取行动。

某一位客户口中的信息，未必是真的，也未必是全面的。

这个时候，你还要多做一步，就是围绕决策体系，确定需求的真假。

通常，我们不能只依赖某一层级的关键人物（KP）来挖掘需求，而是要从三个层级入手：

第一层是决策层，他们是企业的决策者，明确知道企业的战略发展方向；

第二层是管理层，他们往往负责执行决策层的指令；

第三层是执行层，他们往往是直接面对具体的业务操作。

在执行层，获取信息如同盲人摸象，你可能只摸到了大象的一只脚，却误以为那是大象的全貌；管理层的信息也可能存在偏差，他们可能清楚地知道决策层的需求，也可能只是一知半解，甚至纯属猜测。

所以，得到信息后，不要完全相信，而是要保持质疑的态度，去找企业"一号位"确认。经过三层确认后，他们的信息交集就是企业的底层需求。

<u>挖掘需求要遵循三层复核制，即在执行层和管理层探索到需求，然后去决策层确认。只有得到决策层确认的，才是真实（战略）需求。</u>

需求具有动态性，尤其在组织里，它不像个人的需求相对比较固定。在企业中，每个人都有自己的需求，每个人的需求都会影响到其他人的需求，从而产生了需求的阶梯模型。每一层级的需求实际上是来自更高一层的关注点。

例如，企业想给员工提供加班餐，在需求的早期，接触到的通常是执行层的人，他们告诉我们的需求是提供加班餐，要保质保量、准时送到。

但如果只停留在这个层面，按照执行专员的需求去提供方案，可能只能满足表面的需求，而且这个需求也随时有可能会变。因为执行专员对需求的把握是非常不准确的，他只能看到一个表面，领导今天跟他说一句话，他会认为需求是这样，领导明天跟他说一句话，他会认为需求是那样。

所以，<u>要像上阶梯一样，一级一级向上追溯，了解更高层级的需求，这样才能提供符合企业整体需求的解决方案。</u>

第二节
从常规探索需求到战略性需求探索

在当今商业环境中,获取大预算订单的关键在于两点:

第一,站在客户的战略角度思考问题;

第二,清晰传达自身独特性,并通过小闭环验证可行性。

什么是"SPINS"模式

要成为真正的销售高手,掌握一些"秘籍"是必不可少的。

"SPIN"模式,即顾问式销售,是经典的销售需求探索方法,由四大部分组成。

S(Situation)——**探询现状:了解客户的当前情况和背景**。就像一位经验丰富的侦探,要先了解案子的情况和背景,摸清"底细"。

P(Problem)——**发现问题:发现客户面临的问题和挑战**。在了解现状的基础上，敏锐地发现一些问题。

I（Implication）——**放大痛点：探讨问题未解决的负面影响和潜在后果**。把问题的严重性放大，让客户意识到问题就像一颗定时炸弹，不解决随时会产生严重后果。

N（Need-payoff）——**提供解决方案：展示解决方案带来的价值和回报，满足客户的需求**。亮出解决方案，就像告诉客户拆除炸弹的方法，让他们看到希望。

这套模式的基本逻辑是通过提问，从客户的现状中发现问题，然后扩大问题带来的影响，最后强调解决方案的价值和回报，从而吸引客户购买。

然而，传统"SPIN"模式在大客户销售中略显不足，似乎有些不够深入，需要进一步打磨和升级。对此，我们升级为"SPINS"模式，使其更适用于高价值订单的挖掘。

S（Strategy Questions）——战略提问

爱因斯坦说过，所有问题的答案，都不在问题这个层面。所以，我们遇到问题，必须先拔高，看到更远的未来。

传统"SPIN"模式中的"S"侧重探询现状，而"SPINS"模式中的"S"聚焦于分析客户的战略目标与组织目标差距，从客户未达成的战略问题切入。因为只有结合企业战略，才能精准定位企业深层次的大需求所在，才更有可能得到大订单。

P（Problem Questions）——痛点询问

这一点和传统的"SPIN"模式没有大的区别，主要是基于战略差距找到客户的痛点，也就是告诉客户"你的企业有病"。

通常情况下，你可以用开放式的问题和客户交流，通过旁敲侧击，深

拿下一号位：销冠当场就签单

入了解客户的真实困境。例如，目前企业在发展过程中面临哪些主要问题？竞争对手的产品、服务、营销策略给你们的发展带来了哪些压力？针对这些情况有哪些应对措施？

通过旁敲侧击，了解得更多、更深一些。

I（Implication Questions）——放大痛点影响

这一步非常重要。

当客户意识到某项工作或某个程序可能存在问题，但并没有精确计算过时，你就要让客户意识到问题的严重性，如：如果这个问题不解决，未来半年会带来哪些损失。

这相当于在客户心里种了一个"锚"，促使他更迫切地寻求解决方案。

N（Need-Payoff Questions）——说明自己有解决方案，且有实例

在这个环节，你要向客户展示自己有解决方案，表明"我有方法帮你治"，而且已经和其他客户合作了，取得了一定的效果。

例如，

"您看，像您同行的××公司就采用了我们提供的更高效方案，效率得到了显著提升。"

让客户清晰知晓选择我们的价值。

S（Conceptual Solution）——独特理念的高效解决方案

通常情况下，销售要强调自身方案的差异化价值，而非单纯卖点。

每个公司都有自己的独特性，你一定要把公司好的独特理念前置性地植入用户、消费者或客户的脑海里，让他们接受你的"治疗"方案。这样才能避免头痛医头，脚痛医脚，才是科学的治疗方法。

总之，"SPINS"相较于"SPIN"，一是从战略高度审慎考虑问题并寻求

第三章 从战略痛点出发，精准深挖需求

<u>解决方案，二是在挖掘需求的过程中找到带有独特性的解决方案，这样才能科学治疗，且效果明显。</u>

"SPINS"模式的应用

传统的"SPIN"模式和"SPINS"模式大不相同，直接影响订单的"量级"。

在传统的"SPIN"模式下，销售人员往往难以挖掘客户的真正核心需求。例如，按传统的"SPIN"模式和客户聊，开场往往先从企业的发展现状切入。

我："李总，今年企业发展的基本情况如何？"

李总："还好。"

这种情况下，客户很容易给出这种比较笼统、敷衍的回答，几乎不会直接透露战略目标。

如果继续追问，十有八九问出来的只是要求，而非真正的核心需求。

我："咱们这个部门的业绩完成了吗？"

李总："这个月的还没达成呢。"

我："下个月您打算怎么办？"

李总："下个月可能增加人手，再发动大家加加班。"

我："我有方法帮您解决难题，您愿意试一试吗？"

聊着聊着，思路就容易跑偏。最后，即便拿下订单，大概率也只是某个部门的订单，因为只提到了"我有药，可以治病"，但没有把"药"的独特性展现出来，客户会存疑，合作的可能性会降低。

拿下一号位：销冠当场就签单

但换成"SPINS"模式，沟通效果就大不一样了。以下通过一个案例来具体展示"SPINS"模式的应用过程。

2012年，国内某饮料市场风云变幻，A品牌和B品牌爆发商标争夺战。A品牌作为东南卫视的年度大客户，合作金额超千万元，其与B品牌的商标之争，让东南卫视的广告合作也面临新的挑战。作为东南卫视华南区域负责人，我直接主导了与A品牌的合作谈判，谈判对象是A品牌国内"一号位"李总。

"SPIN"模式的尝试

我："李总，您好！近期有关注到A品牌和B品牌之争，你们到底在争什么呀？大家一起合作不行吗？"（Situation）

李总："他们B品牌太过分了，要么收回商标我们就没法使用'红罐'商标，要么就要支付超高的商标使用费，我们营收近300亿元了，结果商标费一涨，我们等于给他们打工了。"

我："这的确是个大问题，这么下去大家都没好处，那您怎么解决这个问题呢？"（Problem）

李总："我们要全面反攻，目前聚焦渠道战，逼着他们和我们回到谈判桌。"

我："如果不解决这事，对你们市场影响很大吧？"（Implication）

李总："对。"

我："那么，我们是否可以考虑增加一些广告预算？"（Need-payoff）

李总："现在到处都在花钱，我们的钱都花在终端铺货渠道维护了，媒体暂时保持1200万元的年单即可，如果渠道压力更大，我们有可能会进一步减少广告投放。"

第三章 从战略痛点出发，精准深挖需求

"SPINS"模式的应用

我："李总，您好！近期有关注到 A 品牌和 B 品牌之争，你们到底在争什么呀？大家一起合作不行吗？"（Situation）

李总："他们 B 品牌太过分了，要么收回商标我们就没法使用'红罐'商标，要么就要支付超高的商标使用费，我们营收近 300 亿元了，结果商标费一涨，我们等于给他们打工了。"

我："您今年的核心战略是什么？"（Strategy Questions）

李总："现在摆在我们面前最重要的就是我们要在产品、渠道、品牌上全面超越 B 品牌，夺回'红罐'商标。"

我："如果要在渠道、产品、品牌宣传上一起发力，那么资源消耗会很大，你们有这样的思想准备吗？"（Problem Questions）

李总："我们有思想准备。"

我："如果失败，会有什么损失？"（Implication Questions）

李总："商标丢了，市场也会丢，我们在红罐广告上已经投入上百亿元，建立了消费者心智，但 A 品牌这个才推广 2 年的品牌，目前还不具备赢得市场的品牌势能。"

我："这么严重吗？"

李总："肯定呀！"

我："那东南卫视作为福建的第一权威媒体，合作体量如何安排呢？"

李总："去年合作 1200 万元的合同续签，你们多送点广告资源和频次就好！"

我："李总，合作多年，彼此都很愉快，我们肯定是支持您的！但是有个新情况，B 品牌也在和我们接洽，他们知道你们在福建卖得好，也是力争要拿下福建市场，所以也希望和我们实现千万级战略合作。我们是国有的电视台，

肯定不能参与你们两家之争，你们不会介意吧？"（Need-Payoff Questions）

李总："那不行，福建人讲究喝饮料去火，福建市场对我们来说非常重要，我们必须在传播上比他们有更大的声量，你去帮我想想怎么解决这个问题。"

我："我和您确认一下，为了赢得市场领导地位，拿回商标，您肯定要确保品宣第一的位置，对吗？"

李总："那当然，不成功，A品牌企业都有大危机！"

我："李总，您既然想占领福建饮料市场的'第一心智'，只打硬广告的效用在减少，我的建议是您要加强晚间和新闻时段的推广。例如，我们有个新闻传播套餐，联动省内的新闻节目，里面有政治新闻和民生新闻，都是老百姓关心的，影响力较大。如果要高频次覆盖福建主力人群，不仅要保持原有的广告频次，增加这个新闻节目资源套餐，更能帮助您占领福建市场'第一心智'的地位。虽然预算有可能会增加70%，但肯定能实现您的品牌战略目标的。"（Conceptual Solution）

李总："可以，现在是我们生死存亡之战，只要能达到我们的战略目标，预算不是问题。你们出合同吧，我们把合作量加上来！"

通过"SPINS"模式的应用，我们不仅成功地将合作金额从1200万元提升至更高规模，还助力A品牌巩固福建市场地位，实现了双赢。

这一案例充分展示了"SPINS"模式在战略需求探索中的强大威力，它不仅能够精准定位客户的核心需求，还能通过独特的解决方案满足客户的长期战略目标，从而在激烈的市场竞争中脱颖而出。

所以说，在销售的过程中，不跟客户谈战略问题，也不提产品的独特性，那基本就是费力不讨好的无效沟通。你不妨回想一下，过去错失的大客户，是否就是因为未深入战略对话或未能清晰传递独特性？

第三节
满足战略需求，做大订单

给客户提供带有独特理念的高效解决方案，其实只需要做好以下三步：

1. 多做一步，做好独特的理念建设；

2. 给出更高效的全面解决方案；

3. 通过假设性举例，验证需求匹配度并放大合作可能性。

这三步环环相扣。下面我们一一进行解释。

做好独特的理念建设

"多做一步，做好独特的理念建设"的逻辑很简单，就是人无我有，人有我优。

首先，深度洞察客户的需求和目标。

企业的核心诉求往往围绕降本、增效、增收展开。在分析客户需求时，可优先从这三个战略导向切入，挖掘其深层痛点。

其次，以差异化构建竞争壁垒。

每家企业都具备独特的差异化特征，我们要将这种独特性巧妙地"植入"解决方案中。聚焦客户的重大痛点与问题，才能撬动更高的预算投入。

最后，针对客户需求清晰度，做好分场景应对方案。

客户的需求分为以下两种情形。

一种是客户需求明确，并且能描述出具体的解决方案。这种情况下，你最好不要处于被动参与的状态，而应从多维视角分析方案，主动提出优化建议。若有机会与企业"一号位"直接沟通，可推动方案迭代调整。

另一种是客户需求模糊，具体解决方案的描述也很模糊。这个时候，你要做的就是把产品的差异化，作为一个重要的概念"植入"客户的脑海中，以差异化方案解决潜在问题，形成竞争优势。

简单地说，当客户需求明确时，需通过概念升级强化方案价值；当客户需求模糊时，则需以产品独特性激活需求，建立差异化壁垒。

输出更高效的全面解决方案

<u>企业的竞争是效率的竞争</u>，头部企业往往以效率优先作为合作决策的核心标准。从顶层设计构建高效解决方案，是在竞争中立足的关键。

那么，如何输出更高效的全面解决方案呢？

在电梯广告圈，有两大公司。一家是老牌的F公司，在国内高端楼宇LED排名第一，全国有80万个终端，主要分布在城市的中心位置。另外一家是×公司，行业内排名第二，依托互联网资本加持，布局60万个终端，

第三章 从战略痛点出发，精准深挖需求

主要分布在社区。

从品牌传播的角度看，两家公司都具备传播价值，但仅从资源分布数量和位置分析，F公司占据明显优势。

若作为×公司销售，你会如何构建更高效的解决方案？

传统的售卖逻辑常围绕楼宇的高级程度、地理位置或者千人成本等方面展开对比。但这样容易陷入"资源量劣势"的竞争陷阱。

下面，我来设计一个更全面的解决方案，供大家参考。

第一步，给客户呈现成功的案例。

你可以向客户展示这两年通过电梯广告出圈的品牌，如铂爵旅拍和BOSS直聘，而且他们都选择了"图像＋声音"的电子屏。

所以，"图像＋声音"在电梯广告这个赛道里印证了市场效果。

第二步，用实际成果加以佐证。

电梯广告是品牌出圈最好的方式，而国外研究发现，"图像＋声音"的广告形式往往具有较高的记忆度，其中声音是关键影响因素。

所以，打广告的时候，"图像＋声音"更利于品牌出圈。

第三步，以场景特性转化竞争劣势。

现在很多高端写字楼管控严格，要求降低声量或者去声音，可能削弱传播效果；而社区场景对声音的接受度更高，允许合理音量外放。

所以，从传播的角度来说，社区更有利于"图像＋声音"的传播，×公司的社区终端布局，反而在传播适配性上更具优势。

第四步，以成本优势凸显性价比。

通过基本的价格测算发现，F公司的楼宇电子屏的成本是×公司社区电子屏成本的2~3倍，结合传播效果与投入产出比，×公司方案的综合竞争力更为突出。

拿下一号位：销冠当场就签单

市场数据显示，尽管市场上 80% 的客户初期倾向选择 F 公司，但通过"图像 + 声音是品牌引爆必要手段"这一独特理念的植入，许多客户最终转向 X 公司。所以，<mark>你要做的最重要一步，就是"植入"独特性的理念，即放大差异化，化劣势为优势。</mark>

注意，不要自我贬低，通过价值重构将"劣势"转化为"场景化优势"，可能就会有意想不到的收获。此外，<mark>销售不仅仅是拿下客户，不能只算小账、眼前的账，更要有算大账、长远账的意识。</mark>

做销售，必须关注行业动向。以人工智能行业为例，DeepSeek 的出现成了大家关注的焦点，它对各行各业都会有影响。如果你不关注，就很难抓到企业"一号位"的需求，因为他们天然关注行业、关注趋势。

<mark>做销售，必须有战略分析能力，然后找到最大机会点。所有小问题都能反推出大问题，大问题也能拆解成小问题。</mark>你要思考行业变化与自身小问题之间的关联。

贝索斯有一个公开的邮箱，亚马逊的顾客可以直接通过这个邮箱联系他本人。大家可以想象，贝索斯在 CEO 这个位置时，每天会收到来自全球各地成百上千封邮件。他不仅会读这些邮件，还会将一些邮件转发给相关的高管，并附上一个问号。

曾经，一位负责移动端结账环节的副总监，收到了一封来自贝索斯的问号邮件，这封邮件是客户反馈结账页面的系统显示预估运费错误，但实际扣款金额却正确。如果不是来自客户直接反馈的邮件，负责结账环节的研发团队可能永远发现不了这个问题，而针对这个问题进行复盘时，竟发现有 38000 名客户受过这个问题影响，而这个问题已经存在 4 个月之久了。

由此可见，只有善于分析，具备分析的能力，才能找到最大机会点。

第三章 从战略痛点出发，精准深挖需求

假设性举例，放大需求

以上两步聚焦于以独特的理念去满足客户的需求，那接下来的假设性举例，就是在满足需求的基础上，进一步放大合作规模与价值。

想做大订单，就要学会提出假设性提问，并且做出假设性验证。这样做有三大优势：

一是能让你把小需求变大；

二是对企业"一号位"产生一定的心理暗示——这次合作成功后，我会来找你要大预算；

三是把大需求落地。

做法也很简单，就是进行假设性提问，例如：

"我们能否先进行一个小规模的闭环测试？如果第一波测试达成设定的目标，是否将合作拓展到全公司甚至全国市场？"

然后，清晰阐释可预期的合作成果，对超出能力范围的部分不做模糊承诺。

如果客户对成交没底，不确定效果，你可以用"已知领域 + 大客户背书"加以说明。

已知领域，指的是把你在这个领域内合作的客户和取得的成果，都详细地告诉客户。这相当于以数据化案例证明服务能力。

大客户背书，指的是引用合作企业高层对方案的认可评价。例如，合作企业负责人对方案的认可、合作反馈、战略肯定等，都可纳入背书范畴。通过这些背书，能够有效增强客户的信任感。

没有战略性痛点的解决，自然就不会有战略性的预算与之相匹配。你需要持续思考：如何通过能力升级，提升对客户战略级需求的响应效率？

4

第四章

梳理决策链，找到能做决定的人

第一节
找到成交链上有话语权的人

决策链,是指一家企业的组织汇报关系,以及与该汇报关系对应的决策关系。

梳理企业决策链,有助于明确销售工作方向,使销售工作更具针对性。

如今的销售工作,已不再局限于销售一把梳子、一张椅子这类简单交易,往往涉及大规模的采购与成交。对于企业而言,此类决策通常并非由某一个员工或管理人员单独决定,而需要集体决策。

因此,我们必须清晰了解在集体决策过程中,具体有哪些部门的哪些人员参与决策。不同企业情况各异,有的企业由财务部门主导决策,有的企业由技术部门决策,还有的企业则由使用部门负责决策。

此外,决策权力存在大小差异。通常情况下,企业"一号位"拥有重要决策权,若能获得其支持,业务推进将更为顺利。但不能仅关注企业"一号位",还需争取大多数人的支持,如此才更易促成签单。若未获得多数人或关键人的支持,签单往往难以成功。

第四章　梳理决策链，找到能做决定的人

梳理正式决策链

梳理决策链并非难事。

首先，我们要明确几个重要概念。

关键人（KP）：一般指在企业采购过程中具有重要影响力的人员。值得注意的是，企业中的行政工作人员，如前台、保安等，往往熟知企业内部信息，与他们建立良好关系，极有可能获取关键信息，助力解决成交过程中的关键问题。

决策人（EB）：企业的老板、董事长、总裁、副总裁等"一号位"人员，他们在重大决策中拥有较大甚至是决定性话语权。

用户（UB）：实际使用所采购产品或服务的部门或人员，其使用体验和反馈对采购决策有着直接影响。

技术专家（TB）：涵盖企业内外部负责技术的专家，他们在产品技术可行性等方面具备专业判断能力，往往拥有较大话语权。

客户教练（Coach）：在客户开发过程中，由于对企业内部情况尚不了解，需要有人协助掌握信息。客户教练并非特定某一个人，而是指能够帮助摸清企业内部决策链情况及相关流程，助力拿下客户的人，类似于港片中的"线人"。

其次，决策链分为正式决策链和非正式决策链，一般先从正式决策链入手。

许多企业出于管理需要，由老板统一组织协调，并划分不同部门，如市场营销部门、品牌部门、采购部门、财务部门、行政部门以及使用部门

等，这些部门在采购决策中均拥有一定话语权。

获取正式决策链信息，通常可通过公司前台或员工获取企业通讯录，进而了解与采购相关的部门，明晰内部组织架构，确定老板、采购部门负责人、使用部门负责人、技术部门负责人、运维部门负责人等关键人员。随后，逐一拜访这些关键人，了解其对采购的态度，是支持还是反对。

非正式决策链也很关键

需要特别提醒大家，非正式决策链同样至关重要。我曾在这方面有过深刻教训。

2010年前后，我去拜访一家规模庞大的企业。当时拜访了企业老板、总裁及各个部门负责人，却忽视了一位普通采购员，险些丢掉订单。

当时，我认为已拜访了企业有决策权的核心人员，普通采购员话语权小，无须深入沟通。后来才知晓，这位被我忽视的采购员是老板的侄子，在采购决策中颇具影响力，老板在很多事情上都会听取他的意见。由于我的疏忽，尽管后续达成了合作，但媒体采购量一直不理想。

后来，通过企业品牌总监了解到这一隐形决策关系后，我主动拜访该采购员，表达充分尊重，并详细介绍了我们媒体的优势。此后，双方合作量在次年迅速提升。

通常，企业中存在三类具有隐藏话语权的人：

第一类，职级不高但对决策影响重大。 如上述案例中担任采购员的老板侄子。

第四章 梳理决策链，找到能做决定的人

第二类，技术专家。例如企业外聘的某工程院院士，往往拥有较重话语权。

第三类，战略咨询顾问。企业外聘的战略咨询顾问在决策中也可能发挥重要作用。

那么，如何获取企业的非正式决策链信息呢？

可以在企业内部发展客户教练。客户教练分为内部和外部两类：

客户内部：决策人、管理者、使用者、技术专家、采购人员、财务人员。

客户外部：技术专家、外部咨询顾问。

我们发展客户教练，总共有六个阶段。

第一，面访。

面对面交流有助于拉近彼此关系。

第二，获得商务价值认同。

通过拜访展示自身独特价值，获取对方认可。

第三，进行价值交换。

双方交流理念，在达成理念认同后，开展价值交换，如共同开展工作或互相帮忙。

第四，测试验证。

向其询问信息，检验其是否知晓并愿意真诚告知，同时观察能否给出有效建议。

第五，发展形成。

确认与客户教练的关系能否像朋友一样相处，保持日常交流互动。

第六，定期维护。

保持密切往来，稳固双方关系。

让他们都支持你

明确决策话语权人后,了解他们的态度是销售成功的关键。以下是我在销售一线总结的实战经验:

第一,接触企业"一号位"并达成共识。

若能与企业的老板、董事长、总裁等"一号位"在立场上达成一致,获得其支持,将为销售工作提供有力保障。在项目推进过程中,各部门人员会更加配合,资源调配也会更加顺畅。

第二,特别关注非正式决策链。

在采购过程中,一个不起眼的小人物也可能发挥关键作用,不可忽视。

第三,用户、技术专家、决策人的一致意见。

当用户对产品满意,技术专家认可产品技术可行性,决策人又支持采购时,采购成功的概率将大幅提升。

第四,客户教练的情报支援。

在采购过程中,常出现不同部门意见不一致的情况。此时,客户教练可作为在客户企业内部的信息渠道,帮助获取信息、掌握动态,并协助解决问题。

第五,采购/财务部门不反对。

合规是采购的前提。如果你的产品或方案存在不合规的地方,采购和财务部门一旦反对,成功的概率就会大大降低。

销售过程中,务必保证产品或方案符合企业采购政策和财务规定,如合理定价、规范合同条款,让采购和财务部门放心。

第六,绘制权力地图和关系图。

通过绘制权力地图,可清晰了解企业决策权力分布及关键决策人;关

第四章　梳理决策链，找到能做决定的人

系图则有助于掌握关键人之间的关系。据此，能够更有针对性地开展销售工作，提高成功率。

在实际销售过程中，可能会遇到多种复杂情况：

情况1：企业里有决策权的两方对立。

实际上，这种情况在企业的大项采购中较为常见。

首先，与企业"一号位"建立联系并达成共识，这有助于快速厘清局面。

其次，在不同部门发展客户教练，协助梳理企业内部决策立场和流程，获取关键信息。

最后，找到"一号位"认可的项目推动者，由其牵头，把整个项目推动起来。

情况2：客户决策人与竞争对手关系良好。

此时可参考以下策略：

首先，避实就虚，围绕使用者、技术层、采购层推动集体决策。任何服务都存在不足，可联合这些部门，形成统一意见。例如，采购部门可在会议上指出竞争对手存在延迟交付、价格虚高、质量不佳、使用效果不好等问题，并建议引入新供应商。

其次，借助外部专家的影响力。许多企业重视外部专家意见，可将有利建议传递给企业决策层。

最后，争取股东介入，推动建立制衡型供应商关系。企业股东在表达意见时往往更具优势，可通过股东对决策产生影响。

真正优秀的销售，不会将客户决策视为单一事件，而是从系统的角度去看待。 很多人误以为客户决策仅取决于老板一人，实则不然。在销售工作中，深入思考客户的决策机制至关重要。

第二节
把决策链上的人都处成朋友

<u>能否清晰梳理企业决策链，并与决策链上的关键人员建立友好信任关系，直接决定着合作能否达成、能否深化乃至能否长期维系。</u>

我曾与一家企业保持多年合作关系，这家企业见证了我职场生涯的几次重要转折。

最早和这家企业合作，还是我在福建东南卫视期间。合作期间，我与企业内部从董事长、总裁到董事长秘书、市场负责人、各个区域经理都建立了深厚的信任关系。可以说，我对整个企业的决策体系了如指掌，每次前往该企业，都如同"回娘家"般熟稔，身边尽是可信赖的合作伙伴。

尤为重要的是，每当我调任至新平台提出合作意向时，无论是市场负责人、品牌负责人还是各区域经理，都会主动向老板提议："浩南哥到了新平台，我们正好有广告资源需求，不如继续合作。"

第四章　梳理决策链，找到能做决定的人

这种全员支持的局面，让合作推进事半功倍。换言之，当决策链上所有关键人都成为你的支持者，合作自然水到渠成。

画出权力地图

销售工作切忌盲目推进，深度了解企业内部结构是关键。这就需要绘制权力地图并标注关系分，以此构建可视化的决策链分析工具。

权力地图就是通过组织架构图呈现企业内部决策关系与人员构成的工具，可直观展示权力分布与决策流程。

根据我多年实战经验，大多数企业用三层的组织架构就能分析清楚内部的决策情况，一些复杂企业可能延伸至四层或五层。

一层：核心决策层，主要是董事长、总裁，他们是企业的最高决策者。

二层：管理层，主要是各个部门的负责人，负责计划、组织、协调、控制等工作。

三层：执行层，负责具体的工作执行。

这就是简化的客户组织架构。

在明确企业的层级之后，要在每个层级的左上角标注清楚你和客户的关系分，可以用具体的数字表示。这能清楚地了解你和客户的关系情况，以及客户的立场和态度。

例如，你从来没见过的人就标注 0 分；如果有人持反对意见，就标注负分。根据反对的情况标注具体分数，如果轻度反对就标注 –1 分或 –2 分，如果强烈反对就标注 –3 分或 –4 分；如果普通支持你，可以标注 1 分或 2 分；如果使用部门负责人是你的客户教练，可以标注 3 分，这代表你们的关系更近了一些。

拿下一号位：销冠当场就签单

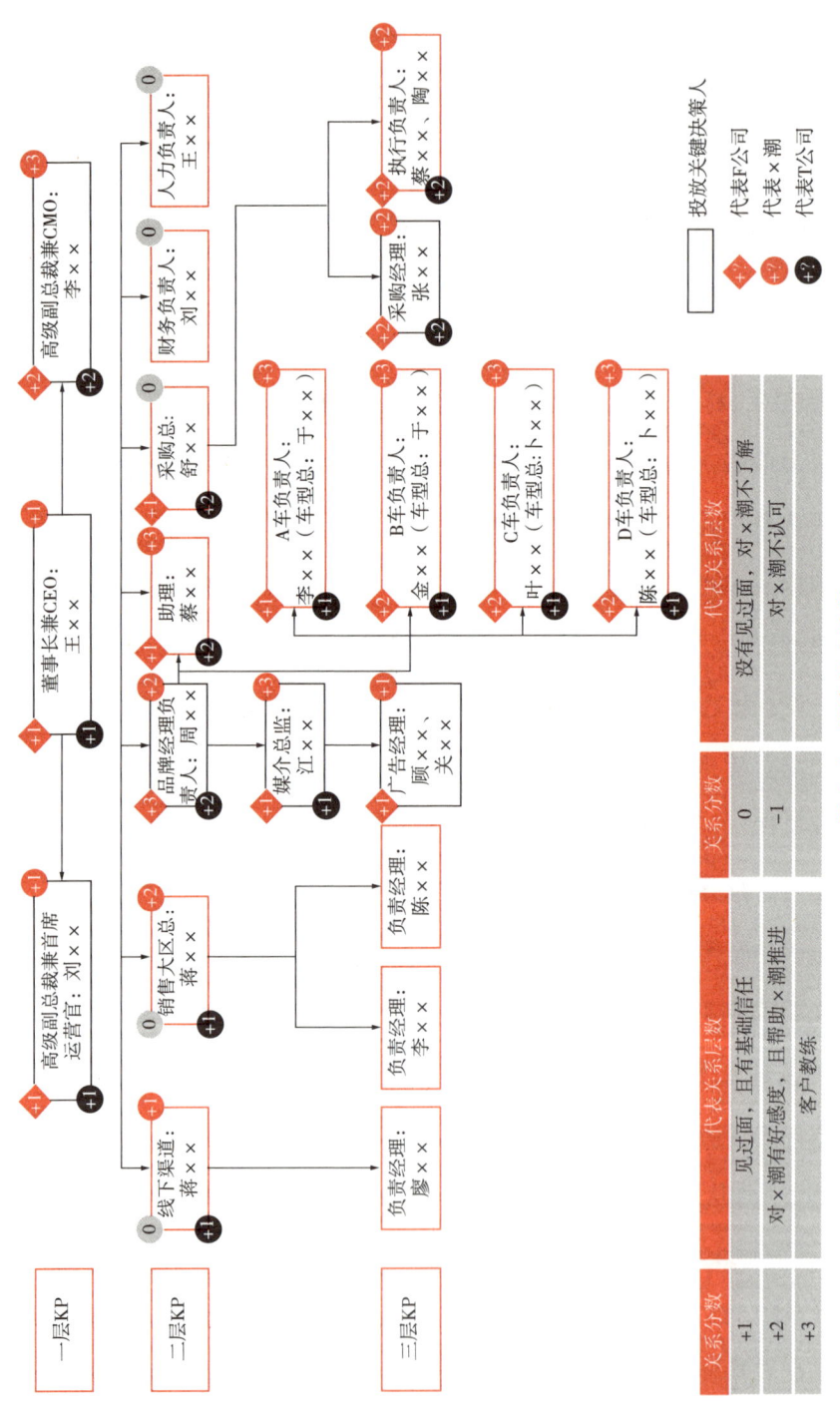

图 4-1 客户权力地图

第四章　梳理决策链，找到能做决定的人

通过标注企业的层级和关系分之后，你就能清晰识别支持者、待拓展对象及潜在阻力点。这样，在销售过程中，你就可以有针对性地开展工作，提高销售的成功率。

动态关注组织结构

企业人员架构处于动态调整中，权力地图须同步更新，所以，你要及时把握变化，否则可能会错失商业合作机会。

2008年，我们与北京某化妆品企业合作时便经历过这样的考验。当时刚梳理完企业组织结构，准备深化合作，却从品牌负责人处获悉：企业可能被某国际公司收购，中层部门将面临合并，大量人员可能离职。

如果被动等待，意味着我们前期的心血都白费了，那还不如主动出击。这个时候，我决定明线与暗线齐头并进。

明线上，我们和原品牌负责人、老板保持沟通；暗线上，迅速锁定跨国集团并购后可能任命的接替人，第一时间建立连接，掌握先发优势。

初次沟通时，接替人对本土媒体合作持强烈反对态度，甚至计划更换供应商。他认为本土传播理念与国际品牌存在差异，更倾向采用国际化合作模式。说白了，他想在内部调整决策链，然后换成他习惯的供应商。

为扭转局面，我们通过双重策略破局：借力关键人，邀请与我们合作密切的某国际品牌老板（已建立信任关系）向接替人推荐我们公司，以第三方背书增强可信度；案例佐证，展示与其他国际公司的合作案例，证明我们的服务适配国际化需求。

做了这些工作之后，我们成功消除对方疑虑，他认同了我们的媒体，

拿下一号位：销冠当场就签单

实现了新旧管理层的无缝衔接，合作延续了四五年。

这告诉我们，<u>首先，要有一个清晰的权力地图，并动态地看待，实时更新。其次，灵活运用权力地图里的关键人，要根据情况动态调整，而非固守既定框架。</u>

梳理决策链，一个都不能少。对于核心客户，你能否画出非常清晰的权力地图？

第三节
用销售鱼骨图，评估每个环节的工作

许多销售存在一个普遍的误区，认为只要搞定企业内某一两个人就能拿下订单，但实际情况远非如此，尤其是大项目销售，须通盘考虑决策链条的每个环节。

销售不止搞定一两个人

销售绝非依赖个别关系即可成功，大型项目尤其需要覆盖全决策链。

几年前，我们团队曾有销售主攻某大客户，他自信地表示："我和企业的品牌负责人关系非常好，十几年的朋友了，非常有信心能拿下这单。"他不只言语笃定，行为也很笃定，还交了5000元的保证金，说半年之后就能成交。

此后，他频繁与品牌负责人聚餐，对方也非常热情地回应，多次跟他承诺这个项目可行。

半年后，合作依然没有落地。品牌负责人也对他坦言："我们是一家民营企业，我一个人说了不算，市场部门和采购部门负责人并不看好你们媒体，都持反对意见，老板也没有明确表态，这个项目暂时推不下去了。"

这个教训让我们明白，大型项目必须关注决策全链条，争取各环节支持才可能成功。后来，我们组织团队与企业决策链上的品牌、市场、采购、财务负责人及老板逐一沟通，在大家协作下，最终才促成签约。

检视分析的行动指南

在实际工作中，有一个很好用、提高效率的工具，那就是销售鱼骨图，也叫"攻客户的未解决关系问题清单"。

它建立在对客户组织架构深入了解的基础上，整合正式决策链和非正式决策链，系统梳理各决策环节的潜在问题与关系网络。

销售鱼骨图，是检视工作的一种手段，也是一种以目标为导向的系统思维工具。

一般而言，大的决策往往涉及多流程、多部门，不只是采购部门，还会有使用部门、财务部门、技术部门、法务部门等，构成一个决策流。

通过绘制销售鱼骨图，你能更清晰地知道采购过程中联系的部门和人员，包括建立连接的部门和人员，已经建立深厚关系的部门和人员，以及尚未连接的部门和人员，直观呈现销售进程中的待突破点。这正是其被称为"未解决关系问题清单"的原因。

第四章 梳理决策链，找到能做决定的人

销售鱼骨图，也是一份行动指南。

在与决策链各环节沟通时，需通过销售鱼骨图标注以下关键信息，明确行动方向：

第一，决策链上有决策权的人，对合作的立场是支持还是反对。

例如，采购团队支持，那就打个钩，说明他们不用再往下挖了。

第二，在沟通过程中，如果存在不支持的情形，要对反对原因进行分析。

例如，财务部门反对，那你就要问清楚反对的理由，可能是超出预算。这时你就在对应位置上打叉，并写上"超预算"，心里也就有谱了。

第三，针对反对立场制定应对策略。

例如，针对财务部门"超预算"问题，可规划"调整报价方案，压缩预算"等解决措施。

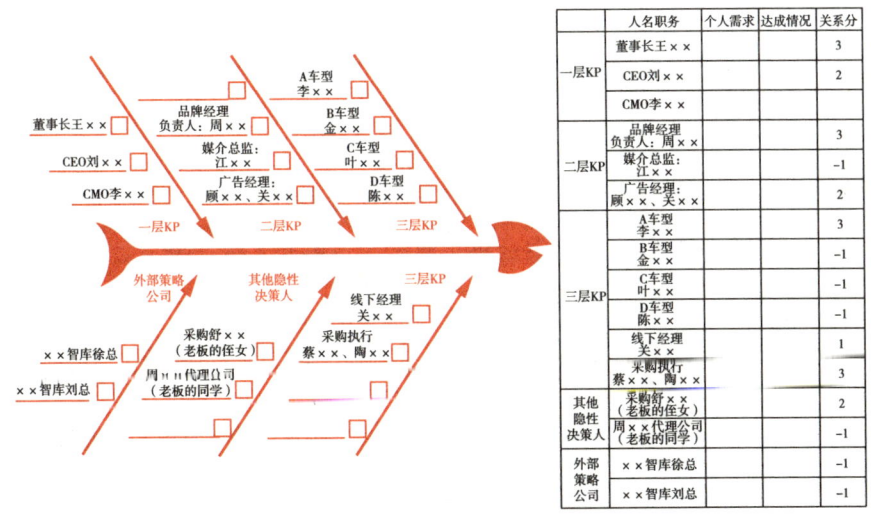

图4-2 企业决策鱼骨图

企业的决策链往往隐形复杂，要想精准定位到真正负责采购决策的核心部门以及对应的流程环节，通常要通过三类角色获取真实信息。

拿下一号位：销冠当场就签单

一是老板，掌握采购决策的整体方向与采购小组运作逻辑。

二是产品的使用部门负责人，全面地了解产品的采购进度以及采购需求、资金、流程规则。

三是采购部门的员工，就是你要发展的客户教练，他们可提供内部真实动态与决策阻力点。

假设，我现在要去拜访××银行，品牌部是媒体使用部门，我就会优先和品牌负责人进行沟通，评估其是否适合发展为客户教练。

我和他沟通时，会问公司在年度规划或者阶段性规划上媒体合作的采购流程涉及哪些部门，以及这些部门可能存在哪些顾虑。

他可能告诉我：

"品牌部牵头的总经理是我，上面还有一个分管副行长，他对品牌部的事情总负责，其他部门还会涉及采购部、市场部和财务部，最好获得他们的认可。另外，审计部也很重要，他们看重每一次的投放与产出比。"

我了解到这些信息后，就要逐一拜访，分别沟通并达成支持合作共识。例如，针对分管副行长，我必须了解他过往合作中对各个供应商的态度，以及对媒体的倾向性。针对审计部"产出比"诉求，提前准备数据化效果评估方案。

知己知彼，方能百战百胜。若决策链中超半数环节支持，则合作胜算较大；反之，若多数环节未接触或持反对意见，则项目风险较高。正如7人决策链中，团结6人可使胜算提升至85%以上，而仅搞定1人则成功率不足15%。

第四节
对于获取的信息，要去伪存真

在销售工作中，许多销售人员常被甲方提供的信息所误导。甲方传递的信息往往错综复杂，有的声称已与竞争对手达成合作意向；有的表示近期无合作预算或计划，却在下个月于其他媒体进行大规模投放；还有的承诺未来有高额预算，然而长时间未付诸行动。

面对此类情况，销售人员在与客户沟通时必须保持警惕，认识到客户回应可能存在不实成分，学会鉴别信息的真伪至关重要。

真相 = 多方信息的交集

那么，如何鉴别信息的**真伪**呢？

核心方法：避免偏听偏信，须从多方渠道收集信息并进行提炼。通过对比多方信息，取其交集部分，这样得出的结论往往更具可信度。若仍存疑

拿下一号位：销冠当场就签单

虑，则可向企业"一号位"进行求证。

例如，当从采购部门负责人处获悉今年媒体投放预算为5000万元时，不能轻易采信。此时，你可以向品牌部负责人询问，若其同样给出5000万元的预算信息，该数据的可信度便有所提升。进一步询问市场部负责人，若得到四五千万元的相近答复，那么5000万元的预算大概率是准确的。因为个别人可能存在说谎行为，但多个部门一致的表述通常更接近事实。

我曾经在西安接触过一家做洗洁精、消毒水的高新技术企业。最初对接的品牌部负责人在洽谈时，宣称其公司媒体投放预计2亿元。一家成立不到一年的企业计划投入如此巨额的广告费用，这令我深感震惊。

然后，我带着怀疑态度，相继与市场部负责人、采购部负责人以及企业老板进行沟通，以核实真实的广告预算。市场部负责人透露，今年企业销售目标为5000万元，新一年广告投放预算为销售额的10%，即500万元。而企业老板表示，广告投放将视融资情况而定，若无融资，预算仅为几百万元。

通过多方求证，500万元的预算更接近真实情况，而2亿元的说法显然是对方为获取重视而采用的策略。

不过，企业老板的表述也并非完全可信，同样需要进行验证或明确背后原因。

此前，我与广州一家化妆品公司合作时，初次跟老板沟通，他爽快地表示后续广告预算在8000万~1亿元。然而，到了实际推进阶段，他却不断找理由推脱。再次沟通时，情况依旧。

我坦诚询问："您每次都说预算充足，但始终未落实，我很郁闷，也很不解，请您如实相告原因。"

第四章 梳理决策链，找到能做决定的人

这时，老板才道出实情："春节期间我太太有时间，下次提案时我会邀请她一同参与，若她同意，项目便可推进。"这个时候我终于明白，虽然他是老板，但实际决策权掌握在其太太手中。

关键人的暗示很重要

5000万元的生意，标都不投了，真的是躲过一劫。

2012年，我任职东南卫视广告部业务总监，负责全国业务时，曾险些因未准确甄别信息而陷入困境。当时，一家国企邀请我们参与5000万元的广告项目投标，副总C还邀请我们共进晚餐。

虽心有疑虑，我和同事仍按时赴约。晚餐氛围融洽，但临别时，副总C问我："浩南哥，我们这个项目，包括公司的资金情况你了解了吗？"我回应会进一步梳理细节，然后，副总C点点头就走了。

回到酒店后，我和同事一起仔细分析客户的项目情况清单，我发现：总投放广告预算5000万元，他们公司总广告预算5亿元，资金结构是企业自有预算的50%，××资本融合并流通资金50%，账期6个月，广告在5个月之后上完。

我结合副总C饭后说的那句话，瞬间就明白了——广告要先行投放，广告费6个月之后才能付，但这笔钱能不能收回存在极大不确定性。

面对这种情况，许多新手可能着急，觉得先签下来再说。但我告诫业务经理保持冷静，并采取两项措施：一是我们对他们之前合作的电视台的情况一一做了了解；二是背调一下该领导的情况。

调查结果显示，这家企业在其他电视台的合同履约率不足20%，存在

拿下一号位：销冠当场就签单

大量欠款情况，且副总C两个月后即将调走。此外，我们还做了一些背调，发现××资本的出资取决于企业销售进度和利润达成，而该企业主推产品严重滞销，需要大量电视广告给经销商增加信心，经销商才愿意进货。

这种情况下，如果广告上了，销售目标和利润不达标，投标的5000万元根本拿不到，我和业务经理不仅没有提成，根据电视台的回款坏账处罚规则，还将面临标的物的6%，也就是300万元的处罚。

简单地说，这单不仅预算没有保障，合同没有保障，人也没有保障。因此，我们没有接这一单。

后来的演变，也证明了我们选择不接这单是对的。当时，不顾后果和他们签约合作的电视台有5家，总合作标的超过3亿元，最后没有一家收到钱。

通过有效收集和甄别信息，规避业务风险，对销售工作至关重要。

若企业后续进入良性发展阶段，大客户开发工作依旧要继续，那接下来的工作怎么开展比较合适呢？马上公关新任的副总？不，回访前任副总C。

对于客户副总C的不同变动情况，可采取不同应对方式：

若其获得升迁，可能存在两种态度，若愿意提供帮助，会告知后续对接人选；若表示不再过问，则须与接替者重新建立联系。

若其平级调动，回访时他会因被重视而分享企业人事和决策规则，告诉你企业里边的人事及决策规则，哪些人可以团结为盟友，哪些人是无法团结的人。

若其退休，回访能让其感受到尊重，虽不一定透露可用资源，但会提醒业务中的禁忌事项。

如此行事，无论是维护客户情感关系，还是推动订单合作，都可能收获意外之喜。

第四章 梳理决策链，找到能做决定的人

正如上述案例中的企业，半年后遭遇管理困境，副总 C 重回公司，被任命为董事长，其调整企业发展方向后，与我们建立了长期合作关系。

所以，在销售工作，特别是大客户销售中，要听得懂话外音，信息要多方去验证。

冲开迷雾，方能直捣黄龙！那么，当客户各方信息不一致时，你会鉴别了吗？

第五章
拿下企业"一号位",事半功倍

拿下一号位：销冠当场就签单

你听说过"戴维斯双击"吗？这可是投资界的经典策略。

1947年，保险推销员出身的斯尔必·戴维斯，用妻子5万美元的嫁妆做投资，他凭借独特的投资策略，在穿越9轮经济周期的47年间创造了年化23%的超额收益，最终实现了900倍资本增值。

"戴维斯双击"的核心，在于通过市盈率（PE）和每股收益（EPS）的双重增长，实现股价的倍乘效应。优质的市盈率和每股收益来自两方面：

一是选择高成长性的行业；

二是在高成长性的行业中，筛选高利润、高成长性企业的股票。

通过这两个维度，即可获取每股收益与市盈率同时增长的倍乘效益。

例如，在地球上，你想跑得最快，怎么实现？

答案是选择在目前最快的CR450高铁上向前奔跑。其一，你在CR450高铁上（即处于高成长性行业）；其二，你是跑步选手中的冠军（即高成长性行业中的高利润、高成长性企业）。

所以，<u>"戴维斯双击"的最大价值体现在选择最优</u>——先判断哪些是高成长性行业，再从中遴选出高利润、高成长性的企业进行投资，从而取得超额回报。

简言之，若想抓住时代红利，先要抓住时代的风口行业。正如雷军所言："只要站在风口，猪也能飞起来！"

随后，在风口行业中抓住高利润、高成长性的企业，伴随着它们成长，或者加入它们，你也能实现快速发展。

比如，2000年初电商风口来临时，选择阿里巴巴作为合作对象；新能源汽车风口来临时，布局比亚迪或宁德时代；中国乳业大发展时期，选择蒙牛作为合作伙伴。诸如此类，只要抓住时代的风口行业，并锁定行业龙头，成功便水到渠成。

第一节
拿下"一号位",你的目标必须清晰

> 销售成功签单的关键,是锁定并拿下"一号位"。

如今,信息呈爆炸式增长,企业为赢得竞争须快速响应,决策过程愈加呈现集权化与集中化趋势。过去市场经济常提及"二八定律",即20%的人掌握80%的财富、负责分配80%的资源;而在企业中,20%的人负责决策,80%的人负责执行。然而,随着企业为适应市场竞争转向敏捷经营模式,当下企业决策权分布更接近"1∶99定律",即金字塔顶端的1%的人主导决策,99%的人负责执行。

在这种背景下,唯有精准抓住"一号位",才能在激烈的市场竞争中分到更大的"蛋糕"。

在销售领域,"一号位"包含两层含义:一是指"一号位"企业,即某个赛道或领域的头部企业;二是指企业的"一号位",也就是企业内部的关键决策人。

识别"一号位"企业

首先,须精准定位"一号位"企业。这如同钓鱼,唯有先找到有鱼的鱼塘,才能钓到鱼;若在没有鱼的池塘下钩,即便技艺再高超也难有收获。

在筛选客户时,如何运用好"戴维斯双击"最优选择原则锁定优质客户?好的方法是采用平衡积分卡或者评分表,根据成长行业及其高利润、高成长性指标,筛选出优质客户清单。

以电梯广告筛选大客户为例:传统大客户筛选评估通常从竞争媒体、产品与市场、客户预算支撑三大维度进行评分。

表5-1 传统大客户筛选评估表

	子项目	分值(分)	客户评估	广汽传祺打分举例(分)
一、竞争媒体(20分)				
1.竞争媒体	分众LCD	10		10
	分众梯内屏	10		
	分众框架	5		5
	华语	5		5
	梯之星	3		
2.梯媒月度刊例排名	TOP 50	20		
	TOP 51~100	10		10
	TOP 101~200	5		
二、产品与市场(40分)				
1.去年销售额	常规行业与食品50亿元以上	5		
	常规行业与食品10亿~50亿元	3		3
	常规行业与食品5亿~10亿元	1		

第五章 拿下企业"一号位",事半功倍

续表

	子项目	分值(分)	客户评估	广汽传祺打分举例(分)
	饮料 100 亿元	5		
	饮料 50 亿~100 亿元	3		
	饮料 20 亿~50 亿元	1		
2. 产品毛利 (出厂价 – 生产成本)	50% 以上	5		
	40%~50%	4		
	30%~40%	3		3
	30% 以下	2		
3. 细分品类排名	第 1~2 名	5		
	第 3~5 名	3		
	第 6~10 名	1		1
4. 定位城市与农村	定位城市	5		
	全域消费	3		3
	定位农村消费	0		
5. 企业销售增速	100% 以上	5		
	50%~100%	4		4
	30%~50%	3		
	10%~30%	2		
	10% 以内	1		
6. 与社区的匹配度	社区专用	5		
	写字楼 + 社区	3		3
	写字楼专用	1		
7. 行业市场容量大小	100 亿元以上	5		5
	50 亿~100 亿元	4		
	30 亿~50 亿元	3		
	10 亿~30 亿元	2		
	1 亿~10 亿元	1		

续表

	子项目	分值（分）	客户评估	广汽传祺打分举例（分）
8.产品的差异化水平	颠覆性的优势	5		
	差异性比较明显	4		
	比较具有差异化	3		3
	较少差异化	2		
	无差异化	0		
三、客户预算支撑（40分）				
1.年度品牌曝光类预算	10亿元以上	20		
	5亿~10亿元	16		16
	3亿~5亿元	12		
	1.5亿~3亿元	8		
	1亿~1.5亿元	4		
2.年度电梯媒体预算	3亿元以上	20		
	2亿~3亿元	16		16
	1亿~2亿元	12		
	0.5亿~1亿元	8		
	0.1亿~0.5亿元	4		
		小计		87
评估参考	评级			跟进节奏
	1.评分85分以上，评级为S级客户			每日跟进
	2.评分75~85分，评级为A级客户			每周跟进2次以上
	3.评分65~75分，评级为B类客户			每周跟进1次
	4.评分55~65分，评级为C类客户			每2周跟进更新信息
	5.评分55分以下客户			放弃

如果是新锐客户，筛选的时候除了竞争媒体（20分）、产品与市场（30分）、客户预算支撑（20分），再加一个第四部分融资情况（30分）。

第五章 拿下企业"一号位",事半功倍

表 5-2 新锐客户筛选评估表

	子项目	分值(分)	客户评估	花西子打分举例(分)
一、竞争媒体(20分)				
1. 竞争媒体	分众 LCD	10		10
	分众梯内屏	10		10
	分众框架	5		
	华语	5		
	梯之星	3		
2. 梯媒月度刊例排名	TOP 50	20		10
	TOP 51~100	10		
	TOP 101~200	5		
二、产品与市场(30分)				
1. 产品毛利(出厂价-生产成本)	50% 以上	5		5
	40%~50%	4		
	30%~40%	3		
	30% 以下	2		
2. 细分品类排名	第 1~2 名	5		
	第 3~5 名	3		3
	第 6~10 名	1		
3. 定位城市与农村	定位城市	5		
	全域消费	3		3
	定位农村消费	0		
4. 企业销售增速	300% 以上	5		
	100%~300%	4		4
	50%~100%	3		
5. 行业市场容量大小	100 亿元以上	5		5
	50 亿~100 亿元	4		
	30 亿~50 亿元	3		
	10 亿~30 亿元	2		
	1 亿~10 亿元	1		

111

拿下一号位：销冠当场就签单

续表

	子项目	分值（分）	客户评估	花西子打分举例（分）
6. 产品的差异化水平	颠覆性的优势	5		
	差异性比较明显	4		4
	比较具有差异化	3		
	较少差异化	2		
	无差异化	0		
三、客户预算支撑（20分）				
1. 年度品牌曝光类预算	10亿元以上	10		
	5亿~10亿元	8		8
	3亿~5亿元	6		
	1.5亿~3亿元	4		
	1亿~1.5亿元	2		
2. 年度电梯媒体预算	3亿元以上	10		
	2亿~3亿元	8		8
	1亿~2亿元	6		
	0.5亿~1亿元	4		
	0.1亿~0.5亿元	2		
四、融资情况（30分）				
1. 融资金额	近半年融资10亿元以上	20		
	近半年融资5亿~10亿元	16		16
	近半年融资3亿~5亿元	14		
	近半年融资1亿~3亿元	12		
	近半年融资0.3亿~1亿元	10		
2. 融资用途	主要用于品牌宣传	10		
	用于市场推广	6		6
	扩大再生产	3		
	小计			92

第五章 拿下企业"一号位"，事半功倍

续表

子项目		分值（分）	客户评估	花西子打分举例（分）
评估参考	评级			跟进节奏
	1. 评分 85 分以上，评级为 S 级客户			每日跟进
	2. 评分 75~82 分，评级为 A 级客户			每周跟进 2 次以上
	3. 评分 65~74 分，评级为 B 类客户			每周跟进 1 次
	4. 评分 55~64 分，评级为 C 类客户			每 2 周跟进更新信息
	5. 评分 55 分以下客户			放弃

尽管可服务的客户看似众多，但精力有限，须聚焦头部 S 级客户，集中力量单点突破。

从生意的确定性来讲，S 级客户多为行业头部企业，具有合作周期长、价值高的特点。如同池塘中的"大鱼"，一旦建立合作，便能带来长期稳定的高价值回报。

例如，乳制品行业的伊利、蒙牛作为头部企业，已深耕行业多年，长期占据上下游产业资源，具备持续盈利能力，合作周期也更为长远。若与这类企业合作，更可能形成稳定的大客户关系，持续创造利润；而与发展中的小企业合作，尽管当下表现良好，但未来存在不确定性，一旦企业经营出现变动，就需重新开拓客户。

总之，筛选"一号位"企业，先要锁定行业类目，明确大客户所在的赛道与行业。然后，再找到赛道足够宽广的行业，重点关注其中的头部企业或高成长性的企业。

拿下一号位：销冠当场就签单

瞄准企业的"一号位"

在营销工作中，有一个值得关注的现象：下面的人跑断腿，不如决策的人一张嘴。这意味着营销工作须聚焦关键的少数人。

现代商场如战场，"瞄准一号位"的策略正深刻改变着竞争格局。试想：当你的思维仍停留在冷兵器时代，手持大刀长矛冲锋，而对手已进入热核战争时代，以"原子弹"式的决策力直击核心，胜负早已分晓。

同理，在现代营销中，若能紧紧抓住"一号位"企业，成功拿下企业"一号位"，也就是说当你的客户是京东、阿里巴巴、华为、比亚迪、中国石油等长周期价值客户，营销工作更易达成大订单，为公司带来关键发展机遇。

越贴近决策者，越能收获大成果。

我刚大学毕业时，第一份工作是在中国网通福建分公司负责大客户开发。当时公司计划为新华书店开发数据与固定业务，通过光纤网络实现全省新华书店的联网。我跟进新华书店福建分公司时，已与分公司领导、数据团队、技术团队、办公室主任等建立顺畅沟通，项目初期推进顺利。但最终，项目被北京一家电信公司"截和"。

原因很简单，他们直接对接新华书店总部，与董事长沟通并提出全国组网方案，直击总部领导的核心需求。而我们因未触达真正的决策者，只能目送项目旁落。

这次经历让我深刻认识到：若不能紧盯企业"一号位"，再多努力也可能付诸东流。此后，在服务大客户时，我会有意识地寻找并攻克总部关键决策人。

第五章　拿下企业"一号位"，事半功倍

例如，服务平安集团时，我发现其组织架构复杂，除集团总部外，还包含平安人寿、平安财产保险、平安银行等多个专业子公司，且各层级预算差异显著：市级公司单拨预算为 3 万~10 万元，拨次少；省级公司单拨预算为 5 万~50 万元，需求不稳定；而总部单拨预算高达 300 万~500 万元，全年持续 8~10 拨预算。

在此情形下，若只聚焦某个城市或区域，最多只能拿下小订单，难以扩大规模；唯有拿下总部预算，全国范围内的订单才会随之而来。因此，唯有抓住总部"一号位"，才能真正撬动大订单，实现业务持续增长。

企业本质是金字塔结构，唯有塔尖的决策层具备最终决策权、问题解决能力，也最清楚企业核心需求。因此，我们必须顺应这一趋势，避免逆势而为，在金字塔底端做无用功。

若不面向决策层，所有动作都如同在黑暗中"抛媚眼"，企业决策人既无法感知，也无法做出购买决策，更别提开展大规模合作。

第二节
连接"一号位"的传统模式和特战模式

常有销售问我：

"我最近要和某个大客户谈，是先攻下面的人好，还是先攻老板好？攻老板吧，我什么都不知道，容易被骂；和下面的人沟通，至少能说上几句话。"

这个问题很常见，其实是一个认知误区。实际上，<u>跟进大客户时，若不认识相关基层人员，自上而下推进反而是效率最高的方式</u>。即便初期信息不够清楚，但不用担心，你也能以"学生"的姿态请教，逐步完善认知。

但自上而下攻客户的前提，是能连接到客户的"一号位"，也就是企业的老板、董事长、总裁、CEO、CMO 等决策层。你通常该如何操作？以下分别从传统模式与特战模式展开说明。

第五章　拿下企业"一号位"，事半功倍

传统模式

拿到客户信息，你会如何与客户公司老板、决策人陌生邀约见面？

首先，做好相应的准备工作。

准备工作包括以下几个方面。

客户画像摸底：搜索企业文章，对行业情况进行摸底；客户性格偏好摸底；客户周边人脉摸底；客户业务动作摸底。

沟通情况预演：构建自己的电话人设，罗列客户痛点，并设计前三句话的关键信息进行预演。

铺垫工作可前置：为避免推销电话过多引起客户反感，可先用短信诚恳预约。

朋友圈人脉的作用：通过朋友圈找到一个和客户共同认识的朋友，如广告圈好友、客户同行、当地红人、投资人、校友作为中间人。

其次，做好心态的调适，树立"渣男"思维。

可以参考以下几点：

1. 定期"撩"客户，持之以恒；

2. 电话被拒绝后，可通过短信跟进；

3. 加微信时仅体现人名和照片（避免提及公司名称）。

同时，一个好的电话拜访开场白包括六步：**确认对方身份+我是谁+重复上次沟通（可附加故事）+客户利益点+打消顾虑+封闭式约定。**

例如，我的电话拜访话术是这样的：

请问是××总吗？我是××传媒总经理×××！之前给您打过电

拿下一号位：销冠当场就签单

话。(把故事讲好，拿出诚意，非常重要)

方案A：在网上看到您的文章，发现您特别愿意接受前沿理念。我们公司近期组织了一场由战略定位大师华与华的华杉老师主讲的定位课堂，届时国内一线品牌老板云集，包括您所在行业的×××。我诚邀您参加，一起交流学习。(邀约方法1)

方案B：我研究行业报告时发现一个可能被您忽略的增长机会，若我们联手，贵公司增速会更快。我们总裁也很重视贵公司，能否邀约您聊一聊？一来认识您，二来请教您其他品牌如何打爆市场。(邀约方法2)

能向您这样的行业大咖学习就已受益匪浅，您放心，即便现在要投广告我都不卖给您，我就是来认识您，向您请教的。(一旦客户说我没预算有顾虑，怕卖广告，要打消客户的顾虑)

您明天或后天哪个时间方便？我去拜访您。(闭环选择题)

传统模式更侧重于循序渐进，主要有以下六种方式。

方式一：融入高端人脉圈

例如，加入EMBA[①]圈层、商会、企业家协会或高尔夫俱乐部等组织，通过会员身份、合作关系或用户角色与决策者建立连接。

方式二：参加行业展会、峰会

行业论坛、车展、行业峰会、企业家年会等场合聚集了大量企业家，是高效连接的场景。例如，广州车展首日，传统燃油车企与新能源车企老板到场时，可通过递名片、加微信实现初步接触。

---

① Executive Master of Business Administration，高级工商管理。

第五章　拿下企业"一号位"，事半功倍

方式三：借助高情绪价值的提供者——女销售

相比男销售，女销售在初次连接时更有优势。

其一，从生理角度来说，女性普遍比男性更早成熟，可以避免给客户留下不踏实、不稳重的感觉。

其二，女性天然有更强的亲和力，容易赢得客户的信任。初次见客户时加微信，女性销售成功率更高，尤其在面对男性决策者时，"柔弱感"更易获得包容和谅解。

其三，销售虽然看似是一个"粗线条"的工作，但同样是细节决定着成败。女性更擅长观察客户微妙需求，精准捕捉痛点。

方式四：已合作客户的转介绍

1个成功客户背后可能隐藏着1000个潜在客户。

若你帮助1个客户获得成功，相当于在某个赛道里竖起了标杆项目，很容易对同赛道的其他大客户产生影响。如果你的服务好，解决问题的能力强，这个客户可能会为你引荐更多客户，这样你的客户会越来越多，路也会越走越宽。

例如，你与农夫山泉合作后，其口碑与案例可影响同赛道的娃哈哈、怡宝等企业，甚至获得老板的直接引荐。

方式五：基于痛点的陌生邀约

了解到客户老板的痛点后，你可提前构思针对性解决方案，再通过陌生电话邀约拜访。

我曾经用这种方式，陌生邀约了一家巨型企业的老板。

大客户筛选是我工作中的重要事项，一次的无意筛选却筛出了一家隐藏的巨型电商企业，几乎每年的增速都超50%。我深入研究了该企业的发展

拿下一号位：销冠当场就签单

情况后，发现它虽然营收多，但成本也高，实际利润微薄。那么，降低成本、提升利润显然是企业亟待解决的痛点。

找到痛点后，我决定尝试陌生电话邀约。尽管打电话前已打好腹稿，仍因对方是巨型企业老板而紧张到手心冒汗，但想着"不成功也无损失"，还是硬着头皮拨通了电话。

通话中，我主要跟他讲了三句话：

第一句话：张总您好，我是上次在某展会上跟您见面打过招呼的浩南哥。（借"展会见面"制造熟悉感，避免对方直接挂断）

第二句话：我认真研究了您的企业，认为品牌未来有很大发展空间。（肯定企业与老板的成果，拉近距离）

第三句话：但是，企业接下来可能面临流量成本持续增高、利润缩减的问题，我针对这些有一些解决思路，想当面汇报，您何时方便去拜访？（精准指出具体痛点，并抛出解决方案，创造见面契机）

通话仅一分半钟，对方就同意互加微信，并邀请我去上海面对面交流。

其实，陌生邀约并不难，关键是要掌握以下三点：

1. 切忌贸然致电，你要提前调研企业的发展情况；

2. 精准定位痛点，构思解决方案；

3. 设计沟通话术，用一句话戳中老板需求。

方式六：客户中层引荐

企业中层（如部门负责人、总经理等）作为"二层KP"，若与其建立信任并达成共识，可在合适时机提出合作联合创新项目，并请其引荐企业"一号位"。这是我使用最多、成功率极高的方式，但需注意：务必保持可靠，不能让引荐人"丢脸"。

第五章　拿下企业"一号位"，事半功倍

此前，我与一家企业中层合作后，维持了良好关系。他得知某企业计划开展亿元级合作，认为适合我们媒体，便帮我引荐了对方中层及老板。

引荐时，他反复叮嘱：别丢我的人，一定要服务好客户。

为回应这份信任，我在与新客户沟通时，即便经历66次谈判波折，始终坚守"靠谱、利他、专业"的原则，最终达成合作。

特战模式

相比传统模式，特战模式更强调连接的效率。

在电视剧《伪装者》里，有一个很高效的76号行动机构。它是一个特工情报组织，由情报处和行动处组成。情报处，主要负责通过各种途径获取关键消息，而行动处则主要是在准确情报的支援下，迅速展开行动。

与企业"一号位"连接时，也可以用这种模式，将公司视为类似"76号行动机构"，根据角色需要，由情报员、行动队、成交手、售前售后服务专家和老板局组成。

情报员：负责全面收集客户明面上与潜在的信息，为精准行动提供依据。

行动队：派出高亲和力、高情绪价值、懂行业知识的成员（如女特战队员）突破高层。通过形象、沟通能力建立初步信任。

成交手：由高管或专家担任，可以是团队负责人、高管、专家，要准确把握客户的战略痛点，提供全面解决方案并促成首次合作。

老板局：双方高层会面，从战略高度达成深度合作共识，为长期共赢奠定坚实基础。

拿下一号位：销冠当场就签单

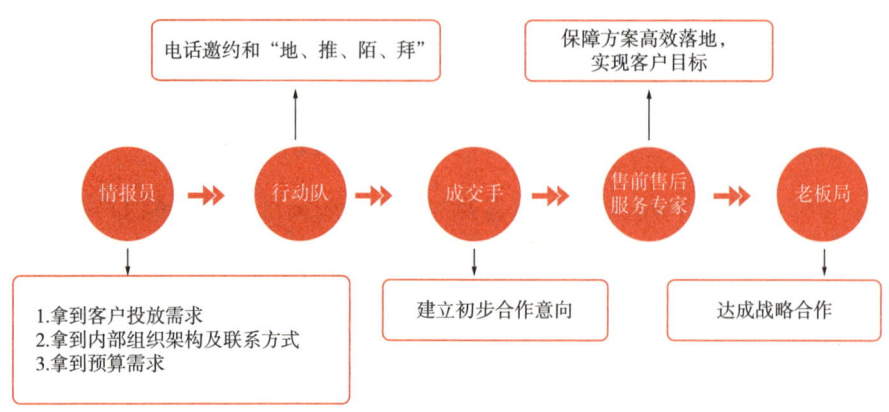

图 5-1　特战模式流程

如此一来，销售过程就变成了一条流水线，各自找到角色与位置，各环节紧密配合，按流程进行分工高效协作，能很大程度提高成功的概率。

如何用这种模式实现高效短连接的拜访呢？

第一步，让情报员精准锁定目标客户。

基于公司业务，情报组的成员通过数据分析筛选契合度高的大型企业，锁定企业"一号位"，深入研究其个人背景、工作风格、决策偏好、痛点及企业预算储备等，为定制化拜访做准备。

第二步，让行动队多渠道与客户"一号位"建立联系。

行动队的成员可借助电话、微信、脉脉等平台，通过共同联系人推荐或发送个性化行业信息，与目标老板建立初步联系。

同时，积极参与行业高端论坛、研讨会、商务峰会等活动，主动与目标客户"一号位"交流互动，展示团队的专业素养和个人魅力，争取拜访机会。

第三步，成交手精心筹备拜访，最好一次成功。

成交手要根据目标企业老板的痛点，制定个性化的拜访方案，明确拜

第五章 拿下企业"一号位",事半功倍

访交流内容、准备成功案例,并策划联合创新项目的合作。

第四步,售前售后服务专家,负责成交后的高效执行且落地。

当客户决定合作后,售前售后服务专家要有一系列的措施,确保项目顺利进行,数据结果满足客户要求,最终实现项目的成功落地。

第五步,精心准备老板局,巩固合作成果,推动长期战略协同。

老板局作为关键的放大环节,双方企业高层将共同回顾合作的初步成果,明确未来的合作方向,探讨如何在现有合作基础上,拓展更多合作领域,整合资源,实现长期共赢。

如果你能巧妙地运用特战模式,就像拥有了一支精锐小分队,能迅速、精准地连接到客户老板并成功拜访,快速推进后续合作。

某大型汽车企业曾是我们久攻不下的"硬骨头",传统模式屡屡碰壁后,我们启用特战模式做精准"狙击"。

张强是我们公司的销售业务副总经理,是这次行动的成交手,负责和客户老板沟通、谈判并促成成交。

王新是这次行动的情报员,主要任务是获取关键情报。他了解到,车企的CEO刘总是企业"一号位",掌握企业100%的决策权,为人低调,排斥接触供应商,近期要参加新能源论坛并做主题演讲。

于是,王新把企业组织架构、企业痛点、"一号位"的个人喜好等重要情报传递给了负责人张强。张强安排女特战队员李丽去参加新能源论坛,并在现场创造机会与刘总偶遇。

大方得体、深入了解企业痛点的李丽,很快就赢得了刘总的初步信任。他们互加了微信,并约定改期带上领导拜访交流。

论坛结束后,双方的沟通越来越多,刘总逐渐开始信任李丽的专业性。

拿下一号位：销冠当场就签单

有一次，刘总表示目前的汽车安全系统不太稳定，李丽表示可以安排同事张强过去拜访，就多个方案进行比较。

在李丽的邀约下，张强拜访了刘总。张强很专业，平时秉持的工作信条就是帮客户取得商业成功，虽然当前无法彻底解决企业产品端的问题，但请教多个技术专家后找到了最优解，双方决定尝试第一波小测试。

张强还安排了售前售后服务专家，负责第一波测试的高效执行。结果很顺利。测试完毕后发现这个方案完全可以满足企业的需求，刘总把我们公司确定为企业的最大供应商，并签订了战略合作协议。

<u>思维决定行动。搞定企业"一号位"，"想突破"的思维比"能突破"更重要，但前提是用对方法。</u>拿到客户手机信息，你会如何与客户公司老板或决策人陌生邀约见面？

第三节
见"一号位",须搭建清晰的沟通框架

直到现在,我仍清晰记得第一次约见客户老板时的紧张状态:心跳剧烈加速,手心里不断冒冷汗。尽管深知这是做大客户销售的日常工作,但电梯每上升一层,我的喉咙就愈加紧绷。

走进客户老板的办公室,我仿佛是去"赴死"。当时整个人如同机器人,将精心准备的介绍词像机关枪似的"突突突"说完,才惊觉对方的目光早已飘向了手表。显然,合作事宜就此不了了之。

返程路上,我的大脑一片空白,丝毫回忆不起当时的细节,更对后续工作毫无头绪。

现在,每次进入老板办公室前,我都会先明确"说什么",搭建清晰的沟通框架,以此为自己增添底气。毕竟,没有准备的沟通,就像赤手空拳上战场,被对方压制就是分分钟的事儿。

这么多年,我常用的沟通结构有三种,供大家参考。

拿下一号位：销冠当场就签单

一对一沟通

一对一沟通，本质上是单人与客户老板的交流，更像是私下"表白"，两个人在私底下达成共识。这种沟通模型，<u>适合单独约见客户老板，一对一沟通时使用，沟通效果也是最好的。</u>

第一，立人设。

简单来说，就是为自己设定对外的独特形象，增强自身吸引力与影响力。面对客户老板时，需树立"利他、靠谱"的人设，让对方更愿意信任并与你深入交流。

第二，塑造专家角色。

重点凸显你的专业性，可借助过往案例、数据作为支撑。例如，当客户质疑你的能力，你可打开手机相册展示：

我去年帮××央企优化了3个媒体传播策略，这是当时的实拍图。

若有相关聊天记录，也可点开××央企客户的真实评价供其查看。

第三，表明利他的立场。

你要明确自身的出发点：以利他为原则，帮企业解决发展难题、助力企业做大做强。

曾有一次，我在客户办公室指着窗外的物流车队问：

"如果我能让这些空返车辆变成移动广告牌，您觉得每月能省多少成本？"对方立刻将转椅转向我，饶有兴致地跟我说：

"请说下去。"

老板往往拒绝推销者，但不会拒绝真心帮他的人。老板拒绝的不是方案，而是看不到结果的方案。

第四，建同盟，围绕企业战略及痛点找到机会点，联手打造第一个联合创新项目。

在前三步与客户老板建立基本信任并达成部分共识后，可提出围绕企业战略及痛点打造第一个联合创新项目。需注意：

提出建议，一定要在得到客户老板的认可与信任之后。而且，行动规模不宜过大，避免因试错成本高导致对方难以决策，进而丧失刚建立的信任。

若客户同意，须提前做好预期管理，不做过度承诺，只说能做到的，并在项目执行中实时收集数据，用"小成功"换取"大合作"，以多个"小 YES"累积成"大 YES"。

这个沟通的逻辑是先让客户老板知道你是谁，待其相信你的专业性后，才可能倾听你的立场与合作内容，最终决定是否给予合作机会。

因此，你要主动创造和客户老板一对一沟通的机会，这类沟通不仅聊的话题更深入，也更易感知对方的诚意。

多对多沟通

许多销售在与客户老板沟通时，常因表达不到位，既未点明问题，又容易得罪对方，最终合作失败却不知原因。

若想既清晰阐述问题、不得罪人，又能推进合作，可尝试第二种框架——从企业角度出发进行深度沟通。

这种沟通框架类似公开场合的"表白"，通常是多人在较大空间内交流。优势在于从公司战略目标拆解问题，既能说明问题，又能提出解决方

拿下一号位：销冠当场就签单

案，不易引起反感。

例如，你代表公司向客户老板提案时，多在会议室与多部门领导共同参与。具体步骤如下：

第一步，肯定对方做得对、做得好的方面。

与破冰前先赞美同理，先给予对方"肯定"，使其放下戒备，需注意肯定的内容要实事求是。例如：

企业能取得如今的成功，离不开您的决策，我对您今年的××决策尤为认可，这对打开市场非常有利。（企业做对了什么）

第二步，点出企业想更成功的话，待提升的方面。

你可以通过旁敲侧击的方式提问：

企业要想更成功，您觉得还需要做哪些提升？哪些方面还需要调整优化？（企业还缺什么）

<u>没有企业会拒绝做得更大，没有老板会拒绝做得更好</u>。此时展开观点，他们会愿意交流。

第三步，用案例与数据，说明公司能做到的结果。

你可以提前梳理公司的服务理念、价值观及思维方式，明确能为客户达成的结果，并总结合作案例与成果。例如，

我曾经与某老板合作时，秉持××立场帮其解决了××问题，他最终收获了××，还对我××方面表示认可。

这时，客户老板就很清楚你或者你们公司的能力了。

第四步，建同盟，尝试小金额的合作。

这一步与一对一沟通框架的第四步逻辑相同：围绕企业战略痛点寻找机会，建议开展小金额的联合创新项目。

GROW 沟通框架

上述两种模型的适用人群、适用场景相对广泛，且易于操作。

若销售经验丰富，可尝试 GROW 沟通框架。这是帮助客户成长的教练式沟通框架，适用于"一号位"对"一号位"的场景，能厘清现状、减少干扰，具体包括：

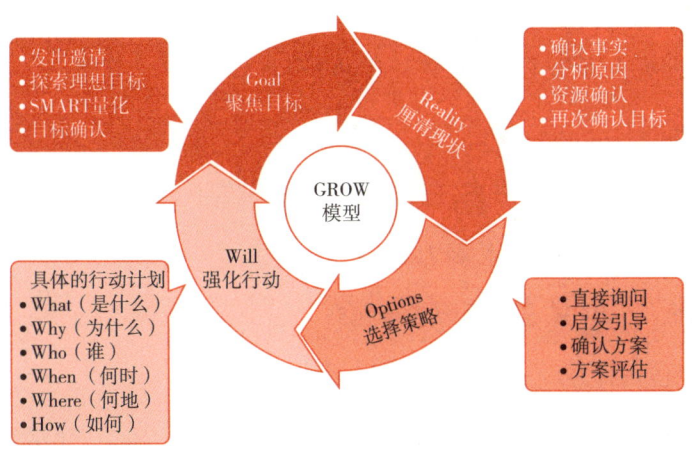

图 5-2　GROW 沟通框架

G（Goal）：聚焦目标

主要是发出邀请、探索理想目标、SMART 量化、目标确认。

确认客户的业绩目标，通过一系列启发式的问题，确认客户的年度战略目标、营销目标、组织目标等，也可以包含日常工作生活中的单一事件性目标。

R（Reality）：厘清现状

主要是确认事实、分析原因、资源确认、再次确认目标。

拿下一号位：销冠当场就签单

倾听客户描述的问题并分析原因，避免盲目下结论。可直接询问：企业现状是什么？目前战略目标、营销目标、组织目标实现的差距有多大？这样，你就能为后续计划做充足的准备。

O（Options）：选择策略

主要是直接询问、启发引导、确认方案、方案评估。

询问对方对问题的看法以及解决方案，再通过提问鼓励创造性思考，还有没有更好的做法。你可以直接点明：企业为了实现战略目标、营销目标、组织目标，还需要哪些行动方案？你也可以提出建议，比如调整工作计划、分配更多资源或者寻求外部帮助等。

W（Will）：强化行动

在确定可行的解决方案之后，你需要激发客户与自身团队实现目标的意愿，确保各方愿意为目标努力。

那怎么用 GROW 沟通框架去聊呢？

第一步，聊目标。

我：李总，公司今年业绩如何？　　　　　　　　　　　（从目标说起）

李总：不好！营收没有达到公司年度目标，利润指标也没完成。

我：您认为哪个指标比较重要？　　　　　　　　　（聚焦主要的单一目标）

李总：销量指标比较重要。　　　　　　　　　　　　（客户目标清晰化）

第二步，厘清现状。

我：影响销量的原因主要有哪些？　　　　　　　　　　（启发客户思考）

李总：品牌力不行，电商退货率高，还有近期外贸出口也受到影响。

我：哪一项影响最大？　　　　　　　　　　　　　　　（聚焦主要问题）

李总：主要是品牌力。缺乏品牌力，经销商不进货，消费者也不买单。

第五章　拿下企业"一号位"，事半功倍

我：品牌力不足除了影响销量，还有其他影响吗？　　（深挖问题）

李总：除了影响销量，还影响利润，线下卖和线上卖利润差异很大。

我：所以，咱们公司的目标是 6 个月内销量增长 ××，对吗？（落地）

第三步，让客户制定方法。

我：您认为想要提升品牌力最重要的三个方法是什么？

（聚焦解决的关键方法）

李总：我打算先请明星做代言，然后做抖音直播卖货，再辅助打户外广告。

我：据我所知，您的竞争对手也在采用这些方法，比如投放户外电梯广告，您怎么看？如果我给您一个专业建议，您想听吗？　（提建议）

李总：你说说看。

我：我建议先选择重点市场，用电梯广告做饱和式攻击，这能让您企业的销量在一个月里有不错的提升，形成样板市场闭环，后续可以推广至全国。

（引导对方接受提议）

第四步，问行动。

我：若想解决这个问题，您认为应该采取哪些行动？　（问行动）

李总：这个决策我还需要再思考一下。说到行动，第一，我会让市场部 ×× 负责户外广告研究；第二，投放广告需要大笔预算，我们内部股东之间需要沟通，确保意见一致；第三，我接下来会组织市场部和各个部门开会进行讨论。　　　　　　　　（让客户自己制订行动计划）

深度沟通的本质是共谋。抱着共谋的心态，与企业老板进行深度沟通，让你成为他的"自己人"。如果你有机会与目标老板沟通，你会选择哪种框架？

第四节
说服客户老板,要学会识别他们的性格

拜访客户老板时,沟通框架能够为交流提供方向,但这还不够,若想成功说服他,还需深入了解其性格特点,进而制定出一套独特的方案。

识别客户老板的性格,往往是说服他们拍板决策的关键要素。

基于情感投入度和控制欲的双维模型,可将老板分为以下类型:目标明确的老虎型、严谨审慎的猫头鹰型、渴望认同的孔雀型以及维系平衡的考拉型。

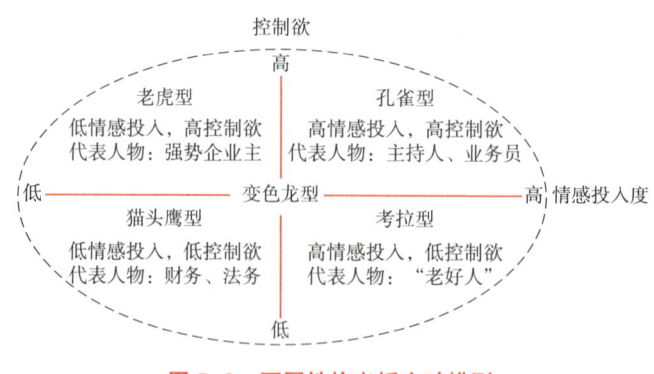

图 5-3 不同性格老板突破模型

第五章 拿下企业"一号位",事半功倍

老虎型(低情感投入,高控制欲)

核心特征:目标导向型领导,高度关注效率与结果。

代表人物:企业创始人、企业 CEO、强势的部门负责人。

突破策略:促成与一层关键决策人(KP)见面,提前准备完整且能解决痛点的方案;设置清晰的时间节点与对赌条款;沟通时避免迂回,忌讳多次调整方案;直接切入合作主题,尽快达成共识。

猫头鹰型(低情感投入,低控制欲)

核心特征:倾向规避风险,极为注重流程规范。

代表人物:财务、法务岗位负责人。

突破策略:提交专业提案,以数据为依据,充分凸显专业性;注重与高层的互动。切忌做出模糊承诺,同时避免跨级沟通。

结果要求:一层 KP 需表示支持;二层 KP 要达成共识;三层 KP 则需确保方案紧贴落实。

孔雀型(高情感投入,高控制欲)

核心特征:关系驱动型领导,十分重视自身的存在感与他人的认可度。

代表人物:主持人、业务员。

突破策略:加强与高层的互动;交流中不要抢其风头,要把握时机、运用技巧进行赞美。

结果要求:一层 KP 表示支持;二层 KP 达成共识;三层 KP 紧贴落实。

考拉型(高情感投入,低控制欲)

核心特征:关系维系型领导,追求团队和谐,常被视为"老好人"。

代表人物:人力资源总监、行政总监。

突破策略:向其表达善意,并提供免费服务;在关键时刻帮助其做出

拿下一号位：销冠当场就签单

决定；保持足够的耐心。

2018年10月，在与广告圈的一位朋友交流时，我们获悉某新品牌"某拍"正与分众洽谈2019年为期两年、金额达3亿元的梯媒合作意向。我们迅速对该企业的状况展开了解，期望争取部分业务合作份额。

经过服务客户的朋友牵线，我们约见了企业董事长。了解到这是一家经过互联网改造的旅拍品牌，企业年度销售额达20亿元。董事长深谙定位理论，计划投入三年1亿元预算，意图全面打开电梯媒体市场，垄断电梯媒体赛道，独占旅拍市场（痛点）。

我们向企业董事长介绍，当前梯媒赛道已经由分众独霸变成两强的格局，若要垄断并遏制行业入口，必须同时与两家合作。经判断，客户董事长属于老虎型人格，他表示可以进一步洽谈，并邀请我们企业负责人前往。我随即致电新潮KA中心总经理梁总，梁总迅速赶来支援谈判。

客户在价格方面态度坚决，梁总主导谈判，历经7轮磋商，最终在2020年7月敲定近亿元合作。

真正的销售高手，不仅要在见面之初就通过对客户老板的性格分析抢占先机，更要在后续的沟通中灵活运用对应策略，精准破译人性决策点，方能在瞬息万变的商业竞争中脱颖而出。

第五节
共建 MVP 市场打样模型，并扩大合作

在当今竞争激烈的市场环境中，企业若要为某个行业提供整体的开发营销服务，需遵循"选定行业的'灯塔'客户—MVP 市场验证—市场扩容（规模化增长）—蝴蝶图：增购与复购"等四个步骤。

通过这四步策略，企业能够成功打开行业市场，实现业务的规模化增长。这不仅有助于企业精准定位目标客户，还能有效降低市场风险，使其在激烈的市场竞争中赢得先机。

开发市场的四步策略

开发市场主要分为以下四步策略。

第一，选定行业的"灯塔"客户。

选择"灯塔"客户须遵循以下标准。

拿下一号位：销冠当场就签单

行业影响力："灯塔"客户应在其所在行业具备一定的知名度与影响力。

成功案例："灯塔"客户需拥有能够展示企业产品或服务优势的成功案例。

契合度："灯塔"客户的价值观和业务需求，应与企业业务模式的战略方向、产品服务相契合。

与"灯塔"客户合作的成功案例，能够展示企业产品或服务的优势，吸引更多潜在客户，助力企业迅速打开新领域市场。此外，"灯塔"客户的反馈有助于企业不断改进和优化产品与服务，提升客户满意度。

这一步可运用"戴维斯双击"策略的最优选择原则筛选优质客户。

第二，MVP 市场验证。

任何一家大企业在全面接受新产品或服务，投入大量资金和资源开展项目之前，通常需要先完成产品在目标市场的 MVP 测试验证。

MVP（Minimum Viable Product）原则，是一种以最小化可行性产品为基础的产品开发方法，最早由埃里克·莱斯（Eric Ries）在其著作《精益创业》中提出。它是一种高效的产品开发策略，通过快速迭代和用户反馈来验证市场需求和产品的可行性。

例如，某传媒公司主营电梯广告，在全国 100 多个城市拥有资源，计划开拓食品行业市场，推动企业通过采购电梯广告实现市场动销。在选定食品行业的某个"灯塔"客户后，可与其共同选择 1~2 个城市（如福州、厦门或南昌），利用电梯广告快速进行市场验证，证明梯媒动销的有效性。

由此可见，MVP 原则是验证产品或服务有效性的最简方法，既能节省资金又能节约时间，极大地降低采购企业的决策难度。当 MVP 市场得到有效验证后，企业可根据结果决定是否扩大合作规模。

第三，市场扩容（规模化增长）。

根据 MVP 的测试结果，对产品及相应的营销策略进行调整迭代。当达到预期目标后，企业即可运用经过有效验证的营销传播策略，推动全国市场扩容（规模化增长）。

第四，蝴蝶图：增购与复购。

我们都知道"蝴蝶效应"，即蝴蝶扇动翅膀就有可能引发台风或者风暴。

当企业进入市场扩容阶段后，"灯塔"客户可能会形成持续复购，从而实现从小客户到大客户的转变。同时，"灯塔"客户也可能带动同行业或其他企业开展合作，形成不断增购的局面，由一个大客户带来多个大客户。

MVP 原则快速验证市场

MVP 原则旨在在预算和时间限制下满足客户期望，通过快速交付核心功能并持续改进，为企业未来发展奠定基础。进行 MVP 市场验证，具有以下优势：

1. 聚焦核心功能，控制预算与时间；

2. 管理客户的期望。明确不同产品或者服务的范围，便于后续计划的开展；

3. 迭代优化。根据市场反馈，持续优化产品或营销方案；

4. 预算灵活。有效控制预算，并根据市场反馈调整后续的应用；

5. 建立信心。展示 MVP 的验证价值，增强客户的信任度，提升合作的意愿。

以某电梯媒体为例，其具备"线下品牌提示促销、电商促进（天攻计

拿下一号位：销冠当场就签单

划、京潮计划）、门店引流、获客扫码"等四大主体传播功能。该电梯媒体的一名销售在开拓大型快消行业市场时，接触到快消品行业的"灯塔"大客户B公司，B公司在行业内细分领域排名第一，声誉卓著。

在与B公司董事长许总沟通时，销售提出电梯广告可有效促进公司产品的线下销售，但许总对其有效性持怀疑态度。针对这一情况，销售建议许总选择南昌和温州两个新开发市场城市进行传播测试，并达成共识：若市场动销效果显著，可将合作推广至全国20个城市，实现市场扩容。

在进行MVP市场测试时，双方先统一了MVP的测试目标：以随机知名度提升调研报告为主的KPI，以合作一个月周期内的销售额变化及经销商反馈作为辅助评估措施。

这名销售协调公司资源集中在南昌和温州全面引爆，投放广告后B品牌知名度迅速提升，销售额与无投放期对比前后增量明显，且经销商反应热烈，经销热情高涨。

许总对效果比较满意，但也提出需进一步优化广告素材及投放频次。随后，双方决定将合作市场扩容至20个城市，合作金额从2个城市200万元提升至全国20个城市三年1亿元的战略级合作。

通过开发市场的四步策略，企业能够系统地开发行业市场，实现从无到有、从小到大的突破。

MVP市场验证作为关键环节，为企业提供了低成本、高效率的市场测试手段，助力企业在实践中不断优化产品和服务，积累成功经验。

而"灯塔"客户的示范效应以及增购复购带来的蝴蝶效应，将进一步推动企业在行业中树立标杆，吸引更多潜在客户，实现合作双方可持续的规模化增长。

第六节
组织设立与"铁三角"打法

在大客户开发场景中,企业普遍面临两大痛点:一是内部"部门墙"厚重,信息壁垒森严,跨部门协作存在推诿现象。二是组织内部信息流通不畅,内部组织效率低下,无法快速响应市场需求,导致销售端无法及时调动资源(即"呼唤炮火"困难),款项结算、项目交付等环节也随之滞后。

要想解决这个问题,可以设立"铁三角"组织,通过跨部门协同打破壁垒,提升内部组织效率。

组织如何设立

"铁三角"组织由三个角色组成。

一是销售经理(AR,Account Responsible),又叫客户经理,承担客户关系维护、需求挖掘、商务谈判、合同签订及回款管理等职责,是连接客户与企业的桥梁。通过与客户的沟通，了解客户需求，推动业务进展。

二是方案经理（SR，Solution Responsible），在广告行业称策划方案经理，在工程领域称解决方案经理。主要负责产品需求管理、产品与方案设计、报价与投标以及技术问题解决。

三是交付经理（FR，Fulfill Responsible），统筹从订单确认、生产制造、物流运输到安装验收的全流程项目管理，确保交付时效与质量。

销售经理、方案经理和交付经理是为了服务客户而临时成立的一个项目组，形成了"铁三角"的关系。如果一直和这个客户合作，这个项目组就会一直存在。

例如，客户采购交换机时，销售经理需协同方案经理制定组网方案并向客户提案，交付团队同步介入了解需求；合同签订前，交付经理需前置性地落实交付的时间、方式及落地方案等细节，避免签约后流程混乱。

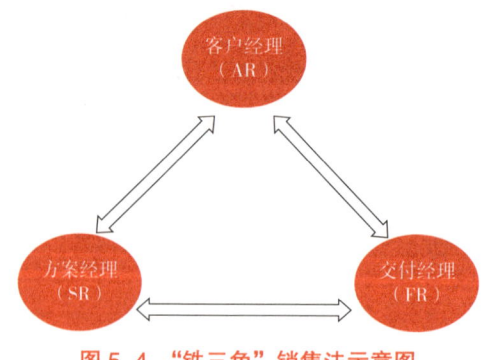

图 5-4 "铁三角"销售法示意图

为了确保"铁三角"组织的高效运作，还需要设立两个关键角色。首先是 SP（Sponsor），即赞助人或"一号位"对接人。当团队遇到难以解决的问题时，销售经理可以找到 SP，由其负责调配资源，确保项目顺利落地。其次是 AD（Account Director），即项目负责人，负责统筹调配各项资源与人

第五章 拿下企业"一号位",事半功倍

力,推动项目运转及营销行动,确保各环节协同有序。

这种"铁三角"组织模式,就像攻占一个山头需要团队成员各司其职,又相互配合。销售经理在前线与客户沟通,方案经理提供技术支持,交付经理确保项目按时交付。而 SP 和 AD 则在后方提供资源调配与统筹管理的支持,确保整个团队能够高效运转,快速响应客户需求,为客户提供全面的解决方案。

"铁三角"打法

在实际谈合作的过程中,该如何用好"铁三角"组织呢?

打法一:多线对接与资源统筹

由 AR1、AR2、AR3 等,分别对接不同部门或层级;

由 AD 负责项目整体管理与跨部门协调;

由 SP 提供资源支持及赋能。

一个项目,可由以上组织方式成立多个部门。

以 A 客户为例,在开发过程中,我会设 AD 统筹项目,安排 3 名 AR 分别对接董事长、总裁及市场部、电商部等部门负责人。而赞助人 SP 则协调总部资源(如京东项目中,需 SP 调集家电事业部、自营事业部等多部门资源),通过分群沟通、分线推进的方式突破组织壁垒。

打法二:矩阵式客户覆盖

例如,针对多事业部架构的客户(如伊利的奶粉、液态奶、冰激凌、奶酪事业部),为每个事业部配置专属 AR 与 SR,同时设立总 SP 与总 AD 进行全局管控,形成"纵向深耕 + 横向联动"的灵活架构。

拿下一号位：销冠当场就签单

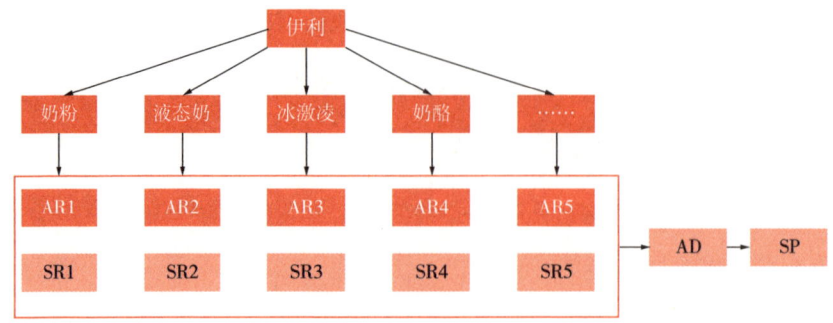

图5-5 "铁三角"打法二

当各个角色做好，且签订了订单，那钱怎么分？我们常用的分配比例是：

AD：0~40%（AD可根据实际情况在这个范围内调配）。

AR：0~94%（"433"结构：维护一层KP，40%；维护二层KP，30%；维护三层KP，30%）。

其他分配：

SR：0~4%。

FR：0~2%。

未分配给SR、FR的奖金自动流入区域营销机构统筹管理。

在大客户开发中，"铁三角"组织通过明确权责、打破部门墙，形成"前端高效作战+后端资源支撑"的协同体系。其核心优势在于：既能快速响应客户需求，又能通过灵活配置资源提升项目成功率，为企业构建差异化的竞争壁垒。

第七节
高层破局，达成战略合作

第一波小金额合作闭环完成，且拿到了预期结果，就意味着达成大合作或战略合作的时机已经成熟。

但是，从小合作迈向大合作或战略合作，无论是资源的需求、价格的控制，还是交付的难度，都会呈几何倍数的提升。

一个人的力量难免单薄，"抓大鱼"须懂得借助团队、老板、公司或平台的力量。

让老板帮你"抓大鱼"

从初步尝试到深度合作，第一波联合创新项目数据基础很关键，可借助创新项目复盘的契机，将复盘内容做到极致，力求无懈可击。这不仅能让客户老板通过项目对你个人建立信任，还能为其带来有价值的市场回报，进而让客户对公司与平台产生好感，萌生扩大合作的意愿。

在对第一波联合创新项目进行复盘的过程中，客户针对一些问题展开讨论，这时要懂得请老板"站台"。你可以说：

如果有时间，可以邀请我司董事长、总裁参与问题的专项研讨，共同制定更有效的解决方案。

双方老板见面是借势放大商机，激发更大需求，达成战略合作的关键。战略级需求自然能带来大额的订单。

老板间的直接沟通不仅能产生"化学反应"，提升合作可能性；老板的出面更代表着公司资源的倾斜，这足以让订单规模从200万元跃升至2000万元、5000万元甚至更高。

为何要在此时"搬"出老板？试想，若一开始就促成双方老板会面，销售的价值便难以凸显。客户老板若看不到你的价值，谈何认可与合作？反之，若先通过小合作凸显个人价值，与客户老板建立信任，再请自己的老板出面建立企业间的信任、挖掘战略需求，客户对个人的认可便会延伸至对老板与公司的认可。

这相当于从"点"到"线"，从"线"到"面"，再从"面"到"体"的合作逻辑。

达成战略合作的关键

在与大客户合作中，老板可成为你的"助力"，但须注意：不能让其明显感受到自己被功利性利用。毕竟，没有人喜欢被当作工具。

正确的做法是，在突出自身价值的同时，巧妙抬高老板的地位，放大

第五章 拿下企业"一号位",事半功倍

其专业价值,让客户自然产生深入交流的兴趣,进而增加合作可能。此外,沟通与行动需让老板意识到:"这件事不仅是你的任务,更是公司的重大价值项目,帮助你就是在推动公司发展",而非单纯帮你促成合作。

我的一位朋友曾在图书公司担任职业经理人,对接客户时被问及:"这家公司是你的吗?"

他回应:"不是我的公司。"

客户继续问:"那你是在平台创业了?"

当时,他第一次听到"平台创业"一词,便顺势回答:"我在平台创业,因为老板有宏大的梦想,所以能包容我们更多人的梦想。"

这番回答巧妙引发了客户对其老板的兴趣,成功促成了高层会面。

需警惕的是,部分老板不仅反感被当"工具",还可能在合作达成后,因觉得"订单全靠自己谈成"而缩减销售提成、转移客户。这种情况的根源往往在于,销售未能完成本职工作,反而让老板代劳了本该自己承担的职责。

事实上,老板见面,并不意味着销售可以撒手不管。相反,销售更应做好以下工作:

1. 目标一致的客户复盘报告:确保双方对合作目标与成果有清晰一致的认知,以及第一波联合创新项目达成主要验证目标的报告、客户方的实际正面有效反馈。

2. 导演整个高层互动流程:针对见面友好氛围的铺垫和可能的合作分歧做预案。

3. 完美的商务接待:通过细节展示公司的专业形象和对客户的尊重。

4. 引入智囊支持:联合营销外脑或专业机构,从策略端助力客户解决

拿下一号位：销冠当场就签单

企业发展问题，结合公司资源与客户构建利益共同体。

这些工作既可以显示你的专业性，也是对老板的有力辅助。

以我与某互联网公司的合作为例：第一波联合创新项目仅用2~3天完成，数据出炉后，我立即陪同老板拜访客户老板。

客户老板提出诸多品牌相关问题，我们老板从广告词撰写、定位优化、投放策略等方面给出专业建议，随后我们公司还专门安排"华与华"为他们做了相应的定位服务和支持。

两周后，我们的合作金额就从200万元飙升到了3000万元。

归根结底，合作要实现1+1>2的效果。作为销售，不仅要完成关键工作，更要懂得适时隐退，凸显老板与公司的价值，才可能促成更大、更长久的合作。

真正的深度关系，不只是你一个人在做，更要懂得整合老板与公司的一切资源为你服务，为客户创造"大成果"，订单才能成为客户"打大仗"的"弹药"，最终促成长期、大额的合作。

基于这一节的内容，你觉得日后要拿下更大订单，是单枪匹马作战还是借助公司与老板的资源更好？

6

第六章
谈判有方法，双赢才是秘诀

第一节
商务谈判的十大黄金策略

在商业活动中,无论是大型跨国企业的合作洽谈,还是小型企业的日常交易磋商,谈判技巧都是在复杂商业环境中取得成功的关键要素。掌握科学的谈判策略,不仅能助力达成既定目标,更能在竞争激烈的市场中脱颖而出。

以下梳理了商务谈判的十大黄金策略,这些策略将帮助你在谈判中占据主动,实现双赢局面。

第一,善于倾听的情绪认同策略。

真正的谈判高手往往深谙"倾听"的艺术,通过安静聆听赢得对方的情感认同,这是谈判中的高级沟通技巧。

英国王子爱德华八世放弃王位与辛普森夫人归隐的故事常被引述,世人多猜测辛普森夫人必有倾城之貌或显赫出身,实则她相貌普通、出身平民且曾有婚史。史学家研究发现,爱德华八世对其倾心的关键,在于她具

第六章　谈判有方法，双赢才是秘诀

备卓越的倾听能力：每当爱德华讲话时，她总会以手托腮专注凝视，对方喜悦时她报以灿烂笑容，对方伤感时她亦随之动容落泪。这种深度的情感共鸣，让爱德华觉得"终于找到懂自己的人"，甚至甘愿为她放弃王位。

在商务谈判中，若遇对方情绪冲突，首先要认同对方的情绪。

例如，当对方采购人员抱怨：

"你们的价格太高了。"

普通销售可能会反驳说：

"一分钱一分货，我们价格不高，您去打听打听。"

这样的回应很容易引发对抗。反之，若你回应：

"我特别理解您作为采购的立场，您把价格压下来是应该的，如果压不下来，还要承担责任。您每天都在为价格、商务条件和流程奔波，确实辛苦。"

这样回应能让对方感受到被理解，此时再夸赞其"专业""敬业"，往往能收获更积极的沟通效果。

认同对方的情绪，才能让对方更愿意接受你，从而解决问题，达成更好的沟通结果。

第二，充分准备的策略。

销售在谈判中需要做好基础准备，如备齐报价表、价格试算表等，这是登上谈判桌的基本前提。

某跨国企业曾有天津A公司与杭州B公司两家供应商，双方原利润均为40%。

新采购总监到任后，先对A公司称"B公司成本已降低30%"，要求A公司降价30%并承诺采购量提升60%，A公司为保住最大客户最终降价，

拿下一号位：销冠当场就签单

订单量虽提升 80%，但利润被压缩；随后，采购总监又对 B 公司称"A 公司已降价 30%"，要求 B 公司降价 35%。

在这位采购总监的多番操作下，两家公司的利润水平最终只有 5%。

针对这种情况，可供借鉴的商务谈判方法是<u>全面收集所有供应商的报价信息</u>。

反观另一家跨国公司的案例：当 5 家供应商被要求竞价时，某供应商销售人员提前收集所有主流供应商的报价信息，并在谈判现场展示，使采购方无法压价，成功保住价格与利润。

第三，基于交换原则的提前准备策略。

当谈判涉及多个目标时，采购方可通过"谈判利益次序表"对目标排序，与供应商进行利益交换。

表 6-1　谈判利益次序表（一）

序号	1	2	3	4	5	6	7	8	……
谈判利益	降价	账期	库存	质量	交期	合同期	排他	奖惩条款	

谈判并非零和博弈，而是多元利益的互换。例如，采购方要求降价时，可承诺长期合作以赋予供应商更长远的市场机会。

对采购方来说，理想的谈判结果一定是在获取自身核心诉求的同时，满足对方的关键需求。

例如，在某场采购谈判中，双方的谈判利益次序表如表 6-2 所示。

表 6-2　谈判利益次序表（二）

采购方谈判利益次序	供应商谈判利益次序
降价	销量
备库	账期
账期	合同期

第六章 谈判有方法，双赢才是秘诀

采购人员可以通过延长合同期限或增加标的物范围等方式，从时间和种类等维度增加采购额，从而增加供应商的销量，以换取更低的采购价格或让供应商同意自备一定的安全库存。采购人员也可以提出通过缩短账期，换取价格让步或备库支持。

总之，只要是供应商想要获得的利益，就可以用来交换。

供应商和采购方的利益不同，因此交换的原则是<u>绝不降价，除非有交换！每一个价格的让步都要换回等价利益</u>。

此外，销售人员要准备变量清单，比如：

可提供的资源或条件有哪些？

达到何种采购量级可给予价格优惠？

提前多久下单可享受额外折扣？

特定付款条件下能否申请财务支持折扣？

签约方式与赠品／赠送规则如何关联？

……

第四，价格高开低走的价值策略。

初级销售常陷入的谈判心态是：没必要商务谈判，直接给最低价就行了，做人真诚一点不可以吗？

然而，事实并非如此。超低价不仅削弱价值感，还会引发客户"砍价本能"——即便首次给出底线，客户仍可能要求"至少打对折"。在价值塑造与需求匹配完成前，任何低价报价都是错误的，因为价格拉扯是谈判的必要环节。

某知名汽车制造商推出新车型时，发布会宣布起售价50万元，这一价格远高于市场预期。然而，随着市场反馈和竞争压力，制造商逐步降价至

40万元。这种"高开低走"策略既吸引了消费者关注，又通过渐进式降价让客户产生"赢"的心理预期，最终提升了销量。

第五，影帝级表演策略。

在谈判中，通过表演技巧来增强说服力和影响力是一种非常有效的策略。这种策略的核心在于通过夸张的肢体语言、表情和语气，将合作条件不佳的情况表演得淋漓尽致，表现出极致的困难，让对方感受到无法实现合作的紧迫感。

夸张的表情与肢体语言：当对方提出不合理的要求时，你可以表现出极度的惊讶、困惑或无奈。比如你可以用手捂住嘴巴，眼睛瞪得大大的，表示你对对方的要求感到震惊。或者，你可以双手抱头，表示你感到非常为难。

情感化的语言：使用情感化的语言来表达你的感受。比如你可以说："我完全理解您的需求，但这个条件确实让我们处境艰难，再让步可能面临运营压力。"这种表达方式可以让对方感受到你的诚意和困难。

制造紧张气氛：通过制造紧张气氛来增强对方的紧迫感。比如你可以频繁看手表，表示时间紧迫，或者频繁提到公司有别的会议安排需要离开，增加对方的压力。

适时的沉默：当对方提出一个要求时，你可以选择沉默，让对方感受到你的犹豫和为难。这种沉默可以给对方一种心理压力，促使他们重新考虑自己的要求。

制造意外：制造一个小意外可以打破谈判的僵局。比如你可以假装接到领导电话，传达"价格已触底"的"意外"信息。这种意外可以打乱对方的节奏，让他们重新评估自己的立场。

第六章 谈判有方法，双赢才是秘诀

通过此类表演技巧，可让对方直观感受到合作条件的挑战性，从而推动共识达成。

第六，不断确认总结谈判进度的策略。

谈判中需定期暂停，总结已达成的共识，将难点问题后置。此举的核心价值在于：

1. **避免误解**。谈判中双方可能使用不同的表达方式和措辞，对某些条款和内容的理解容易产生偏差。通过不断确认谈判结果，能及时发现并纠正误解，确保双方在关键问题上的理解一致。

2. **明确责任**。明确双方在谈判中达成的各项具体责任和义务，有助于避免后期因责任不清而产生推诿、纠纷，使双方清楚各自需要承担的工作和任务。

3. **强化共识**。谈判是一个动态的过程，不断确认谈判结果可以强化双方已经达成的共识，让双方更加明确共同利益所在，为后续的合作奠定坚实的基础，也有助于增强双方对谈判成果的认同感。

4. **为后续公司高层决策提供依据**。谈判过程中会涉及一系列决策，不断确认谈判结果能为后续决策提供准确、清晰的依据，使双方在做出新的决策时，能够充分考虑已经达成的共识，避免决策之间相互冲突，保证谈判的连贯一致性。

当你需向公司请示谈判条件时，可通过"假设性条件"推动合作。

例如，阶段性谈判小结：

销售：您提出的价格条件我无法做主，我需要请示老板。那么，我先梳理一下合作条件以便汇报：订单金额1000万元，定金100万元，合作期3月1日—9月30日，供货价25万元/吨，按月平均交付，对吗？

拿下一号位：销冠当场就签单

客户：对的。

销售：您要求降价至20万元/吨，但公司所有大客户底线为25万元/吨。若请示领导，可能只有两个突破点：一是董事会要求市场增长，需更大采购规模支撑薄利多销；二是财务总监提出，提前全款回款可享5%~6%的折让。您倾向哪个条件？我来沟通。

客户：我们可以合同签约付全款，但还是要求价格调整为20万元/吨。

销售：我去请示一下。

第七，你的立场最优策略。

在谈判中，始终要保持自己的立场最优，以下是一些具体的策略。

明确底线： 在谈判前，要清楚自己的底线，即你能够接受的最低条件。这个底线是你在谈判中不可逾越的红线。

有策略地让步： 坚持"无交换不让步"，每次让步需换取对方有价值的利益。

保持主动权： 在谈判中，始终保持主动权是非常重要的。这意味着你要主导谈判的节奏与方向，而不是被对方牵着走。

强调价值： 在谈判中，要不断强调你的产品或服务的价值，而非仅谈价格。

使用假设性条件： 在谈判中，可以使用假设性条件来引导对方思考并做出假设性决策，为政策申请预留空间。

通过以上策略，你可以在谈判中保持自己的立场最优，可确保每一次让步都能换取对等利益，避免丧失谈判主动权。

第八，"胡萝卜"加"大棒"策略。

在商业谈判中，可利用客户对竞争对手的关注，以"胡萝卜+大棒"

双重刺激放大合作量级。

例如，可以这样说：

李总，我们公司近期推出"灯塔计划"，拟在各行业扶持一家龙头企业打造标杆案例，将给予流量倾斜，合作门槛为 2000 万元 / 年。若您有战略合作意向，我可协助规划；若暂无意向，只是初步合作即可，这也没关系。公司将选择同行业其他企业作为"灯塔"。您的企业完全符合标准，这是难得的先机，建议您考虑把握。

第九，价值天平策略。

在销售过程中，价值天平策略是一种重要的工具，它可以帮助我们更好地理解客户需求和采购决策。我们可以通过一个工具——需求矩阵，来分析需求的紧急性与成本高低，从而判断客户采购的可能性。

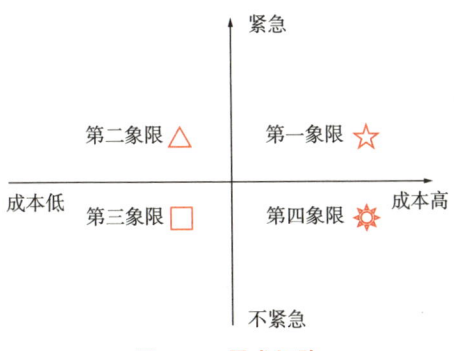

图 6-1 需求矩阵

需求矩阵是一个判断需求相关问题的工具。它的判断维度有很多，其中核心判断维度包括需求的紧急性与成本的高低。

这两个维度是影响客户采购决策的关键因素。这两个因素的此消彼长会共同影响客户是否会进行采购，以及采购和需求处于什么样的阶段。

第四象限。需求不紧急且成本高，那么客户的采购可能性会非常低。

拿下一号位：销冠当场就签单

在这种情况下，我们把这点分析清楚后，就可以更有效地调整沟通方向，避免无效的努力。

第三象限。需求不紧急但成本低，客户可能"顺手"解决。比如家里酱油快没了，但还够用，因为解决这个问题的成本很低，所以可能会顺路就把它买了。

但对于大客户来说，采购流程复杂，责任重大，可能需要在内部慢慢讨论，属于确认需求的阶段，不会立刻行动。

第二象限。需求紧急但成本低，客户会快速确认需求，决定采购，并快速评估方案，选出供应商，抓紧落实项目安装实施。这种情况下，往往蕴含着大量的合作机会。

第一象限。需求紧急且成本高，客户大概率会进行采购。因为紧急的事情需要立刻处理，哪怕成本很高，客户也会确定立项，很快进入方案评估阶段。

通过这四个象限的分析，我们可以得出一个非常重要的结论：<u>在挖掘需求阶段，要让客户感受到需求的紧迫性与成本的高低。需求紧急性优先于成本</u>。若事情足够紧急，成本顾虑会被弱化；若需求不紧急，高成本易导致采购搁置。

为了更加直观地理解客户解决问题的紧急程度与成本之间的关系，我们可以利用另外一个工具——价值天平。

我们可以想象客户的现状是一个平衡的天平。当我们想让客户进行采购时，一定要打破它的平衡。打破平衡有两种结果：一是天平倾向于购买，我们就成功了；二是天平倾向于不买，客户会拒绝我们，采购不成功。

如果客户解决问题的成本非常高，远远超过了问题的紧急性与严重

第六章 谈判有方法，双赢才是秘诀

性，天平就会死死地压在不买的那一边。在这种情况下，客户自然会拒绝我们。

如果要解决的问题足够紧迫且重要，客户就会感受到多方面的影响与不满。当这些问题综合起来显得非常重时，相比之下成本就显得非常轻了。此时，天平会死死地压在购买的那一边，也就是说客户会做出采购决定。

了解了价值天平的概念，我们就更容易客观地看待客户是否需要采购这件事情，从而避免陷入自我主观意识进行错误的判断。

第十，请示领导的攻守策略。

在谈判中，领导是最好的外援，须预先设定"攻守剧本"，在谈判之前就设定好谈判目标与商务条件。

下面是一个典型的谈判场景，展示了如何巧妙地安排请示领导的环节。

攻守导演：

请示领导—高阶攻守环节：

A. 谈判前明确底线；

B. 避免初始阶段请示，以防被客户要求"让老板直接谈"；

C. 中间阶段让领导扮演"坏人"，避免前方谈判与后方决策脱节；

D. 谈判挽救：如果谈判失利，请领导救场，留有余地；

E. 最终阶段让领导扮演"好人"；

F. 请示前需与客户确认谈判条件，再外出沟通。

实际操作：

销售小王：老板（日常叫李总，称谓变为"老板"，代表电话免提了，客户可以听见，信号灯点亮，启动演戏），客户订单1000万元，但要求额外降价5%，我无法决定，请示您！

拿下一号位：销冠当场就签单

老板：小王，记住合作的基础是信任。客户如此信任我们，必须以最优服务回馈！

销售小王：好的。安总，总裁想亲自与您通话。

（电话递给安总）

老板：您是安总吧？小王总提起您，说与贵司合作极具价值，我都快以为他是您派来的"卧底"了！我刚从国外回来，明日又要出差，特意叮嘱小王务必服务好您！

安总：感谢你们！

（挂断电话）

销售小王：安总，我刚才暗示您提降价，您没回应呀！现在不便再请示，要不价格不变，我们在服务上补足？

安总：你再回去问！

我：若再请示，领导可能觉得我无原则。要不您将合同首笔付款从30%提升至40%，我再去争取？

安总：那也行吧！

通过这种精心安排的请示领导环节，可在谈判中引导客户预期，同时维护团队立场的一致性。

掌握以上这些商务谈判的黄金策略，不仅能在谈判中占据主动，更能实现双赢。在实际应用中，须根据场景灵活组合策略，在达成目标的同时，最大化创造合作价值。

第二节
合作性商务谈判

谈判，是成交前的重要一环。

过去，谈判往往强调买卖双方的对立关系，以"交换"为核心逻辑。这种模式下，谈判双方常处于高压状态，极少有一轮就能达成共识的情况，多数需要经历两轮、三轮甚至更多轮次的磋商。想要取得预期结果更是难上加难，极端情况下，谈判的艰难程度甚至会让参与者产生"生死边缘"的压迫感，仿佛整个世界都陷入灰暗。

那么，如何让谈判过程更轻松、更易达成一致？这是我长期思考的命题。

和客户站在同一立场

2017年，我们运作一个短综艺项目时，曾寻求一家奶粉企业作为冠名方。这家企业与项目定位高度契合，沟通初期，客户对项目表现出浓厚兴

拿下一号位：销冠当场就签单

趣，但始终未能做出合作决策，因为他们无法量化评估该合作形式的传播效果及实际收益。

当时我们陷入困局，一度认为合作已无推进可能，甚至做好了放弃的准备。转机出现在有人提出转换合作模式：将"冠名"改为"投资"。调整后，该奶粉企业不仅对节目进行投资，还能从其他品牌的特约赞助及平台广告分成中获得收益，实质上实现了"零成本冠名"。

当我们将这一思路与客户老板沟通后，局面迅速扭转。客户老板不再纠结于前期的种种顾虑，转而主动思考如何进一步降低成本、合理分配收益，以及如何借助企业线下资源（如针对宝妈群体的渠道）为节目进行宣传推广。

从犹豫不决到立场转变，仅用了一天时间。客户的态度发生了180度转变，从被动观望转为积极规划合作细节。这一立场的调整，不仅扭转了谈判走向，更直接决定了合作的成败，甚至影响了订单规模。

这个案例让我深刻认识到：若不能站在客户立场思考问题，谈判将沦为自说自话，难以达成理想结果。而当双方真正形成利益共同体，找到互利共赢的合作模式时，谈判会变得更高效，目标也更易实现。

那么，如何有效地表明合作立场？

表明立场并不复杂，你可以通俗、简单、直接地表达。

1. **强调共同体关系**。例如："我与您并非对手，而是合作伙伴。"

2. **明确解决问题的定位**。例如："谈判细节固然重要，但请相信我致力于为您全面解决问题，这才是核心。"

3. **阐述共赢逻辑**。例如："请放心，我比您更重视这次合作的成果，因为我需要您的成功作为案例背书。"

4. **合理提出需求**。例如："若初步合作达到预期，我希望您能亲自为我们的合作成果代言。"

5. 简化决策难度。大额合作涉及复杂利益博弈，谈判难度较高；而将决策拆解为小步骤，在立场一致的前提下，更易达成共识。

当你与企业决策者如此沟通时，对方会清晰认识到：合作的本质是共赢，双方是利益共同体，你追求市场影响力，而他追求商业收益。

当然，也会遇到客户利用"合作立场"提出不合理要求的情况。

曾有一位客户，在我表明"帮助企业"的立场后，他停下泡茶的动作，抬头质疑："你这番话听起来像真心话吗？我很难信服。既然是为了我好，不如先赠送一拨资源，我才会认可你的诚意。"

面对这种超出合理边界的要求，我明确回应："'赠送资源'已超出我的权限范围，且即便赠送，也无法从根本上解决您的核心问题。若您愿意尝试我的方案，反而能提升效率。但资源赠送与方案实施是两个维度的事。"

清晰界定帮助的边界后，客户逐渐理解了我的立场，不再坚持原要求。

<u>谈判不是对抗，而是合作；不是推销，而是互助。</u>当与客户站在同一战壕里，共同面对挑战，合作成功便水到渠成。

高阶销售的谈判之道

许多销售存在认知误区：在表明利他立场后，急于介绍产品或讨论价格，最终陷入"价格拉锯战"的僵局。

<u>真正高阶的销售，会先铺垫自身独特价值及能为企业解决的问题，而非急于抛出产品或价格。</u>

对于销售而言，谈判的主要目标是促成第一波联合创新项目的合作。

拿下一号位：销冠当场就签单

当客户尚未认识到你的价值时，必然在价格上斤斤计较；而当他看到合作能带来显著回报时，价格便不再是主要矛盾。

因此，合理的谈判逻辑应为，先表明利他立场，再分析企业痛点并提出解决方案，辅以成功案例佐证，最终围绕第一波联合创新项目展开谈判。

我在和一家互联网企业沟通时，发现企业表面无显著发展瓶颈，但老板有一个隐秘需求，即降低获客成本。当时其App获客成本从20元飙升至100元，一年营收30亿元中，获客成本就占15亿元。老板虽有此需求，却不愿轻易对外透露。

我知道后给他分析道："杨总，如果您相信我，不妨先进行小规模测试。若测试阶段能将获客成本控制在20~30元，每年15亿元的获客成本可节省近2/3，这对企业而言是巨大的效益。此外，我对公司的战略成本体系非常熟悉，能确保价格合理，甚至可能超出预期。待您对测试结果满意后，我们再扩大合作规模。届时我会请公司老板亲自与您沟通，提供最大支持，您看是否可行？"

这样沟通后，我们很快就达成了共识，甚至连见面环节都省去了，直接落实签订了200万元的合作合同。

如果客户要求保证合作效果，且你有同类型项目经验，就可以列举过往合作案例及成果，让客户感知合作价值。如果是你未曾实践过的领域，可以建议先进行小成本试错，但要强调只有双方充分配合，才能确保目标达成。

第一阶段谈判达成后，第二阶段通常由双方老板就战略合作展开磋商，此时谈判主导权可移交至企业高层。

真正站在用户的立场思考问题，谈判便不再是单纯的讨价还价，而是真心换真心的交流。此刻需要思考：你在谈判中计较的是自身的小利益，还是为客户谋划的大价值？

第三节
竞争性商务谈判

在企业日常采购中，竞争性商务谈判是一种常见模式。客户通常会在多家产品相似的供应商中进行筛选，通过对比产品性能、服务质量、价格体系及供应商信誉等多维因素来确定最优合作方。尽管价格是重要竞争维度，但并非唯一决定因素，产品质量的稳定性、服务响应的及时性、交付周期的可靠性等，均是客户决策的核心考量。

在这类谈判中，供应商面临的核心挑战是如何在众多竞争者中脱颖而出。单纯依赖价格战不仅难以突围，还可能陷入利润损耗的恶性循环。竞争性商务谈判的本质在于为客户创造增量价值，而非提供最低报价。供应商需在谈判中全方位展现差异化价值，通过解决客户深层需求赢得合作机会。

第一次报价很关键

在价格谈判中,客户有时会直接要求报价。此时该如何应对?

有些销售认为:"应及时回应,毕竟面对的是企业决策者,拒绝可能影响合作意向,且难得见面,须充分展示诚意。"

而另一些销售则坚持:"不可贸然报价,初期报价往往缺乏精准度。"

在竞争性谈判中,第一次报价至关重要。每当遇到初次见面即要求报价的情况,我通常不会直接回应。原因在于:客户尚未深入了解产品优势,我也未掌握其真实痛点与需求适配度。若贸然报价,可能导致两种不利局面:一是报价偏离需求,引发后续沟通障碍;二是沦为客户比价的"工具",为竞争对手提供信息参照。

那么,正常该如何操作呢?

第一,表达对客户需求的理解,强调了解需求的重要性。

例如,可以向客户表达:

"我完全理解您希望快速了解价格的需求,但为确保报价精准匹配您的实际需求,避免后续反复沟通,我需要先了解您的具体诉求。"

第二,根据需求推荐合适的产品,给出解决方案。

在充分沟通需求后,推荐适配产品并输出完整解决方案。待双方就方案达成共识,再给出大致价格区间。此时的报价需锚定产品价值与服务可靠性,而非单纯成本核算。

例如,客户的需求是降低获客成本,你就可以推荐公司合适的产品,再根据与其他客户的服务情况,进行一个大致范围的报价。你可以这样说:

第六章　谈判有方法，双赢才是秘诀

"根据您的需求描述，价格大概会在××区间。不过，为了给您一个更精确的数字，我需要进一步了解几个关键细节，这样也能让我们的合作更加顺畅，避免后续因信息不全导致价格调整。"

第三，明确这个报价非最低价，只是参考值，后期会根据细节调整。

在报价时，要非常明确地告诉客户，这个价格是参考值。例如：

"如果您今天确定正式签约，我会额外申请折扣，但最终价格须经老板审批确认。"

报价，从来都不是简单的数字博弈，而是连接双方需求与价值的桥梁。

如何应对一味压价

在竞争性谈判时，客户一味压价也是一种常见场景。

客户之所以压价，其本质原因在于客户对产品价值尚未完全认可，只能将关注点聚焦于价格。若能充分塑造产品价值，解决客户深层需求，价格敏感度将显著降低。

有的客户压价时，会搬出竞争对手，强调他们的价格低很多。如果你遇到这种情况，可先礼貌询问是否方便查看竞品报价单，以了解真实情况并为内部决策提供依据，然后，你可以向客户表明：

"我们的定价处于合理区间，合作的核心是通过科学方案帮您解决问题、达成商业目标，而非单纯比拼低价。"

有的客户压价时，还会提出认识老板，以"与你老板相熟"为由要求给低价，这时，你可以采用灵活话术回应：

"没想到您和我们老板是旧识！不过实不相瞒，我们老板有个习惯，若

拿下一号位：销冠当场就签单

客户直接找他谈价，他报出的价格可能比我高出几倍。之前有客户先与我沟通，后找老板议价，但老板的报价是我的两倍多，最后客户还是选择与我合作。其实对您而言，合作能否解决问题、带来附加价值，远比价格更重要。"

如果老板没有报高价的习惯，可以提前与内部达成共识。真正优秀的销售，都懂得这一点：对内营销有时比对外营销更重要。

谈低价只是客户"风险规避"心理的体现，他们担心利益受损，试图通过压价来降低合作风险。当客户要求低价时，你可以巧妙地把话题转向结果，强调你能带来的价值和成果：

"我理解您对价格的关注，但合作的长远价值更值得重视。我们的产品和服务已帮助多家企业解决了类似问题，您可参考这些成功案例，了解我们能创造的实际价值。"

在销售过程中，我们可能会遇到各种各样的客户和情况。有些销售会用一些特殊的手段来影响客户决策。例如，我见过一个女销售，她的成名话术颇具代表性：

"李总，我相信您迟迟未做决定，是因为接触的销售不止我一人。作为销售，我当然希望您选择我，但最终选择权在您。也许您今天与我沟通，明天就会与别家合作，这很正常。但作为行业从业者，我必须提醒您：这个领域有许多外行看不到的'坑'。即便最终您不选我，也请允许我以专业角度为您提供建议 —— 在做任何决定前，欢迎随时来电咨询，少走弯路，少入坑。"

这种话术看似是在为客户着想，实则蕴含心理策略：第一句话"我相信您迟迟未做决定"，利用了心理暗示的技巧，让客户潜意识里接受她的观

第六章 谈判有方法，双赢才是秘诀

点；提及行业有"坑"，是为了让客户对其他竞争对手产生疑虑，防止客户轻易与别人合作；邀请咨询则意在掌控客户决策节奏，让客户在决策过程中始终离不开她。

然而，此类技巧虽然可能在短期内有效，但非长久之计。真正优秀的销售人员，应该靠自己的专业能力、诚信及为客户创造的价值来赢得信任与合作，而不是通过一些小聪明和套路。在面对客户压价时，我们更应该坚持自己的价值，用真诚与专业去打动客户，让他们明白，价格并不是合作的唯一考量因素，真正重要的是合作能够带来的长期价值和成果。

阶梯式谈判法

市场竞争激烈的当下，销售人员需掌握清晰的谈判框架以快速成单。

为此，推荐使用阶梯式谈判法，将价格和资源进行整合。这种方法不仅能帮你更好地应对客户的砍价，还能在激烈的市场竞争中抓住机会，快速成单。

在销售过程中，我们常常会遇到客户对价格的质疑砍价。下面以推销一款按摩椅为例。

客户：这款按摩椅多少钱？

销售：3万元。

客户：价格有点贵，能打折吗？

销售：我申请一下可以打9折，打完折2.7万元。

客户：这个价格还是有点贵，再优惠点？

销售：我跟老板申请一下，老板给了底价2.4万元。

拿下一号位：销冠当场就签单

客户：我觉得还是有点贵，1.8万元吧？

销售人员无奈，因为老板给的底价就是2.2万元。如果销售人员勉强答应了1.8万元，客户可能会说："我再回去跟我的爱人商量商量。"然后就没有然后了。

这个报价失败的案例中，销售人员存在以下几个问题：

第一，缺乏价值塑造。

销售人员在报价时，没有先向客户介绍产品的优势，导致客户仅关注价格，而忽略了产品的价值。

第二，让步无策略。

销售人员在谈判过程中，一味地让步，没有掌握合理的让步节奏和幅度，也没有通过让步换取客户的其他承诺，导致客户觉得还有可谈空间，继续压价。

第三，没有锚定价格。

销售人员没有在谈判过程中锚定一个价格，让客户感受到让步的价值，而是不断降低价格，使客户对价格的预期不断降低。

为了避免上述问题，我们可以采用"阶梯式三步法"进行谈判。

第一步：价值塑造。

在让价之前，先向客户全方位展示产品的优势，让客户感受到产品的价值，从而提升客户对价格的接受度。

第二步：阶梯式让步。

在谈判过程中，让步的幅度逐渐减小，最多让步三次。第一次让步可以幅度稍大，第二次适中，第三次最小。通过这种方式，让客户感受到让步空间收窄，已经到底部，从而减少客户的砍价空间。

第六章　谈判有方法，双赢才是秘诀

第三步：价值交换。

每一次让步都需要通过交换原则达成，让客户感受到让步的价值，也就是"无交换绝不让步"。比如客户要求降价，可以要求客户加快付款速度，或者增加订单量。若客户仍然不满意，可以通过福利品解决，但坚守价格底线。

接下来，我们来看一个按照"阶梯式三步法"成功销售按摩椅的案例。

客户：这个按摩椅价格 3 万元，太贵了。

销售：李大哥，先别着急，我先给您介绍一下这款产品。这款按摩椅采用全身零重力的智能设计，搭载太空舱技术，能完美贴合人体曲线，提供全方位的按摩体验。（价值塑造 1：好处提炼，客户买的是产品给客户的好处）

它融合了中医推拿手法，能够精准刺激颈肩部的穴位，有效缓解颈椎疲劳和肩颈僵硬。全家人都能用，这样算下来，一年能省下上万元的中医按摩费用。（价值塑造 2：产品优势 1~3 个，对手不具备的）

这个品牌源自英国，是英国皇家人体工学研究院理事长单位，还受邀参加了查尔斯三世国王的加冕礼。它的设计灵感来源于英国伊丽莎白女王的座驾马车，可以轻松移动，触手可推，还有零贴地的黄金角度零重力设计。别的按摩椅是躺着像睡椅了，而这款按摩椅是躺着像睡床。（价值塑造 3：价值包装，讲述一个可以广泛传播的使用者故事）

此外，我们提供 24 小时售后服务热线，确保您的问题在任何时间都能得到及时的处理。我们还在全国所有按摩椅品牌中独家推出三个月无理由退款承诺，这不仅是对您权益的保障，也是对我们产品品质的承诺！（价值塑造 4：负风险承诺）

拿下一号位：销冠当场就签单

客户：产品能打折吗？

销售：李哥，打折可以，但您须今天交 1000 块钱定金，我才能向我们老板申请最低价。不然我申请下来，您要是不买，我无法交代。

客户：可以定下来，交定金也可以。

销售：我跟老板申请了半天帮您说情，他都以为您是我家亲戚，才肯给您这个内部最低价——9 折，也就是 2.7 万元。您看是刷卡还是电子支付？

客户：你帮我再去申请优惠点。

销售：我打电话申请了。李哥，我给您申请到一条夏天的毛毯，这是我们的新品，全羊绒的，手感特别好，价值 2000 元。不过这个福利的前提是您今天付全款！

客户：再帮我优惠一点嘛！你再和你们老板沟通一下。

销售：李哥，我今天帮您申请好几次了，老板都批评我老是屁股坐您这里，实在没办法申请了。您也是刚才说要定下来，我才去申请的。如果您还是觉得不够超值，我这里有一张给我女儿买的蛋糕券，就送给您啦，就当交个新朋友了。只是我有个小请求，您看这个月内能不能帮我介绍一位有需求的客户，您推荐他来买，帮我冲冲业绩，这个月还差一单就可以做月度销冠，那对我来说可是莫大的荣誉。当然也不让您白帮忙，我们公司有积分奖励制度，您和被介绍的客户都能获得公司积分，以后可以换购很多产品。

客户：好。

通过这个案例，我们可以看到，销售人员在谈判过程中，先通过价值塑造让客户感受到产品的价值，然后采用阶梯式让步的方式，逐步缩小让步幅度，并通过价值交换原则，换取客户的其他承诺。最终实现双赢。

第六章　谈判有方法，双赢才是秘诀

灵活应对成交时机

在竞争性谈判中，把握成交时机至关重要。你需要敏锐地捕捉客户的成交信号，并迅速采取行动。

识别成交信号

当客户想成交时，通常会释放一些暗号，例如：

询问一些合作执行细节。

主动约定下一次沟通时间。

确认交付时间并预订资源。

确认付款条件，提出后续合作的要求。

了解合同的最后签约期。

非工作时间，会咨询合作的参数。

……

遇到这些信号，就意味着这个客户即将成交，你要立即提升重视程度，快速落实合作，并和客户教练、老板同频，探索扩大合作的可能性。

制造危机感

当客户释放成交信号却迟迟未决策时，你可以试着制造一些危机感。例如，你可以对他说：

"如果错过了本次合作时机，留给您的资源位可能会分配给其他客户。"

这相当于告诉客户，优惠福利是有时间限制的，资源是稀缺的。通过这种方式，推动客户尽快做出决策，避免被竞争对手抢占先机。

竞争性谈判的实战应用

在竞争性谈判中,为客户创造价值是赢得合作的关键。

如何为客户创造价值?

想要有效创造价值,可以从两个思路切入:组织利益最优与个人赢。

组织利益最优:帮助客户最大化客户的公司利益。

组织利益是客户公司利益的集中体现,所以要关注客户的公司整体需求和目标。从组织利益的角度出发,我们要思考如何帮助客户实现公司利益的最大化。这可能包括提高效率、降低成本、优化资源配置等。

个人赢:满足客户的个人需求。

除了组织利益,客户的个人需求同样重要。个人赢可能包括客户的职业发展、晋升机会、权力掌控等,要增多"得到",减少"失去"。

表 6-3 个人赢的价值认知表

得到	失去
	失去信任
保持权力	失去名声
更加安逸	失去工作
保持现有职位	绩效差焦虑
提高个人工作效率	降职或降级
解决问题的能手	被裁员
增加职场发展潜力(升职)	不被赏识
提高社会地位	情绪低落
安全感	人际关系难相处
被尊重	抓不住机会
……	低人一等
	……

第六章　谈判有方法，双赢才是秘诀

只有同时关注组织利益与个人利益，才能真正为客户创造独特的价值。

在实际工作中，与客户沟通时要注意"听话听音"，了解客户的组织利益与个人需求。例如，一位销冠与客户李总沟通时，得知其所在的部门需要裁员，但不知如何操作。

销冠：李总，您最近忙什么呢？

李总：忙得很，最近根本没空。

销冠：您忙啥呢？

李总：我们有个部门要裁员，但不知道怎么操作，我正头疼呢。

销冠：有什么我能帮忙的地方，您尽管说。

李总：你能帮我什么？你又不是猎头，你又不能帮我裁员。

销冠曾从事猎头，他就主动以专业身份介入，两天之内了解到那个部门每个人的立场和条件，并整理出了一份详细的报告给到李总，帮助他成功避免了法律风险、员工纠纷，顺利地完成了裁员，使他赢得了公司高层的赞赏。后来，李总也帮助这名销冠达成了扩大合作的诉求。

在这个案例中，销冠不仅帮助客户解决了裁员问题，还为客户创造了组织利益和个人利益的最佳结合点。其中，销冠有两个努力的方向——积极助力方向与风险缓解方向。积极助力方向属于锦上添花，风险缓解方向属于雪中送炭。

第一，积极助力方向。

组织权利：通过提供专业的解决方案，帮助李总更好地掌控部门的裁员流程，增强了李总在公司中的组织权利。

晋升机会：通过成功解决裁员问题，李总获得公司领导的认可，从而为自己的职业发展与晋升创造机会。

第二，风险缓解方向。

避免利益受损： 销冠的详细报告帮助李总避免了裁员过程中引发的法律风险与员工纠纷，保护了李总的职业声誉。

在与客户合作中，创造价值是赢得客户信任合作的关键。要有效创造价值，必须同时关注组织利益与个人赢。优秀的销售不仅是产品提供者，更是资源整合者，通过精准对接组织利益与个人需求，为客户创造独特价值，方能在竞争中脱颖而出。

好人坏人角色搭配

在竞争性谈判中，好人坏人角色搭配是常用的策略。通过巧妙地运用这一策略，你可以在谈判中占据主动。

例如，我在一次拜访客户蔡老板的谈判中，客户要求降价20%。

客户：你能让多少？

我：最多让5%。

客户（发火）：你可以回去了。

（此时，我沉默不语）

客户：你到底想不想合作？

我：问题出在总裁李总身上，他设定了价格底线。（提前和李总说好，拿他做挡箭牌）

客户：那我和你谈什么呢？我去和李总谈。

我：我是真心希望和您合作，您想和李总谈没问题，不过有个方法不知道行不行——他出国考察了，目前董事长代管营销，您若信任我，可先告知心理预期，我帮您向董事长争取。

客户（沉默5分钟）：我总觉得你是在套路我。

第六章 谈判有方法，双赢才是秘诀

我：套路您真不敢。但我想把这个事做成了，回公司才有面子。我还是拿实际行动来帮您，您直接说您的想法，只要差距不大，我去帮您想办法。

客户：你去问问吧。

（客户已经退缩了）

我：好的，确认一下，降价10%可以吗？

客户：那行吧。

我：好的，我认真和董事长沟通完，明天来回复您。

通过这种方式，我成功地将谈判的主动权掌握在自己手中，最终达成了降价10%的合作协议。

竞争性商务谈判的核心决胜点，在于超越价格竞争，聚焦价值创造。通过精准的报价、合理的让步策略、清晰的谈判框架以及关注客户的多方面需求，销售人员可以在激烈的竞争中脱颖而出，实现双赢的合作。

反思你的谈判实践：是否已经充分关注了客户的战略目标、个人利益与生活需求？若尚未完善，你将如何调整策略，以更好地为客户创造价值并赢得信任？

第七章
推动老客户转介绍，高效获取新客户

第一节
1个老客户，胜过10个新客户

在销售领域，有一种常见的现象：有些销售人员每开发一个新客户，便会忽视之前的客户。你是否有过类似经历？

真正的销售高手深知：<u>1个老客户的价值，远胜于10个新客户。作为销售，不仅要追求签单，更应深耕客户关系，挖掘这座"金矿"的深层次价值。</u>

老客户的三大核心价值

与开发新客户相比，维护老客户的价值主要体现在以下三个方面。

第一，降本增效，持续复购。

从成本效益的角度来看，开发新客户的成本，往往数倍于维护老客户。其中，时间成本尤为突出，开发一个新客户的周期可能长达一个月、

第七章　推动老客户转介绍，高效获取新客户

两个月，甚至三个月以上。因为开发新客户必然会经历陌生拜访、建立信任、探索需求、挖掘客户决策链直至商务谈判的完整销售过程，既耗时耗力，又耗费资源。

老客户则不同，他们已经熟悉公司的产品或服务，信任基础比较好，维护成本相应降低。而且，他们可能基于上一次的合作产生复购行为，甚至复购规模更大、预算更高。

第二，信任背书，口碑裂变。

老客户是企业口碑传播的重要力量，他们的真实体验是最具说服力的广告。

与你合作满意的客户，会自发向身边的人推荐，这种基于真实体验的口碑营销，往往比传统广告更有效，能够形成一传十、十传百的传播效果，让新客户开发变得更加省心省力。

第三，人脉撬动，带来新客户。

老客户身边的朋友或同行同样具有高价值，可成为目标客户。

老客户的推荐是最好的客户证言，有助于轻松获得高价值的新客户，持续创造收益。这样，还有利于在行业内树立合作标杆，或使公司的产品、服务成为对方公司供应链的标配。

维护老客户的十大法则

既然老客户具有如此重要的价值，那么如何更好地维护老客户关系，进一步挖掘其价值呢？以下是一些经过实战验证的维护法则，可供参考。

拿下一号位：销冠当场就签单

法则一：做好本职服务

产品的交付是否完美完成，客户是否会使用产品，注意事项是否明确，这些都是需要关注的。例如，客户购买笔记本电脑后，在夏天要提示其解决电脑发烫的问题；同时，要主动了解并解决客户的常见问题。

法则二：重视客户反馈

无论客户是反馈意见，还是提出问题，都必须高度重视并全力解决。当客户反馈对产品或服务不满意时，应第一时间处理，让客户感受到被重视。

法则三：定期回访

与客户的交流不能仅局限于微信或电话沟通，还应定期回访。

定期回访并非例行公事，而是价值升级的关键契机，让客户感受到被关注、被重视。在回访过程中，除关心客户个人情况外，还应就合作的产品、服务存在的问题、改进方向及优化建议进行问询，这有助于提升客户满意度。

法则四：成为客户的情报中枢

人与人之间在关键时刻建立连接，有利于拉近关系。

当你获取与客户相关的信息，尤其是其竞争对手的信息时，应及时与客户分享、沟通。这不仅是与客户联系的正当理由，还能借此传递自身价值，甚至帮助客户解决问题。

法则五：朋友圈长文互动

若你想与客户建立亲近关系，须与他们高频互动。这种互动并非简单的日常问候，而是要真正洞察对方的需求，把话说到对方心坎里。

很多人仅将微信当作聊天工具，实际上，朋友圈的点赞评论是维护关

第七章 推动老客户转介绍，高效获取新客户

系的有效方式。当客户发布朋友圈时，你可进行 30~50 字的长文评论，评论内容可以是赞美、感同身受的表达或合理建议，让客户感受到你在深度思考，且站在其立场考虑问题，从而产生共鸣。

法则六：手写感谢信

数字化时代，手写信成了关系维护的利器。

手写一封感谢信，不仅充满仪式感，更能传递你的用心，让客户感受到被在意，从而留下深刻印象。信的内容可以回顾合作历程、提出合作建议或表达情感，但要注意细节，避免空洞无物的叙述。

法则七：雪中送炭的"非标服务"

提供与业务无关的帮助，往往能建立超越交易的情感纽带。

例如，疫情期间，销售为老客户协调 2000 个 N95 口罩；客户因家中水管破裂而束手无策时，销售帮忙修好了水管。

法则八：设计独特的记忆点

成熟的销售都应该有客户信息簿，并及时更新。

俗话说"好记性不如烂笔头"。认识三五个人时，很容易记住他们的脾气秉性与爱好，但当认识三五十人甚至三五百人时，就很难全部记住。因此，建立客户信息簿十分必要，须准确记录客户的重要信息。

客户信息簿有几个基本要素。

基本信息：如生日、星座、家乡、口味等，这些信息可作为聊天的话题。

个人喜好与关注点：每个人都有自己的爱好，了解客户工作之外的喜好。

家庭成员：包括其配偶、子女、家中老人的情况。

拿下一号位：销冠当场就签单

想做的事：若能知晓客户的想法并协助推进，可迅速拉近关系。例如，客户有出书需求，你可为其安排出版资源。

建立客户信息簿并非形式，而是为了更精准地服务客户。应根据记录的信息，为客户准备有价值、有意义的独特惊喜。例如，将客户年度业绩数据可视化，制作成皮质封面的成长纪念册；若客户爱好骑行，可为其定制刻有企业 logo 的自行车头盔。

当然，<u>记录信息，也仅限于工作需要，要严格做好客户信息保密工作，保护客户隐私</u>。这一点非常重要。

法则九：连接客户所需资源

当客户提出需求时，应积极响应。例如，客户表示某个市场存在空白，缺少经销商，销售人员可从服务过的客户中筛选适配度高的进行引荐；若客户提出招聘高管的需求，可在熟悉的朋友中帮忙寻找候选人。虽然推荐的人选未必能让客户完全满意，但这种主动帮忙的行为能提升客户的认可度。

法则十：助力客户达成心愿

若能帮助客户实现愿望，将极大提升客户的满意度。

例如，某教育顾问在与客户沟通时，敏锐觉察到客户计划攻读 EMBA，便主动整理 TOP 10 商学院对比表，甚至协调往届学员分享面试经验。这种超出预期的支持，不仅能赢得客户的信任，还可能获得客户的长期信赖与口碑推荐。

客户维护往往都是举手之劳，却能创造"被懂得"的体验。<u>当你能在客户提出需求前预见需求，在问题爆发前消除隐患，在重要时刻成为首选智囊，就不再只是供应商，而是值得托付的商业伙伴。</u>

第七章　推动老客户转介绍，高效获取新客户

老客户折扣与赠品需求的引导方法

在与老客户的长期合作中，他们通常会期望获得更低的折扣或更多的赠品。面对这种情况，销售人员须巧妙引导，既要维护公司利益，又要提高客户满意度和忠诚度。以下是一些实用的引导方法。

强调产品价值并转移注意力

当客户提出对现有产品折扣的要求时，销售人员可先强调产品本身的性价比和独特价值，再将客户的注意力转移到其他产品或服务上。

例如，当客户说：

"我们长期合作，你们 A 产品的价格要再便宜一点儿。"

你可以这样回答：

"李总，您买了这么多 A 产品，最懂我们的政策了。您是我们的老顾客，我们怎么敢在您面前搞虚的呢？您的价格已经是特惠价了，别人都享受不到，您放心购买。您看，这个是我们新研发的 B 产品，它可以解决×××的问题，您看看是否适合。既然您是老客户，又这么支持我们，稍后我给您送个小礼品，略表心意，感谢您的信任。"（**转移客户的注意力，推荐新产品，创造新需求**）

个人赠送礼品

若公司政策不允许进一步折扣，销售人员可通过个人赠送礼品的方式满足客户需求。这既能增强客户关系，又不违反公司政策，还能给予客户额外关怀。

例如，当客户说：

拿下一号位：销冠当场就签单

"我们长期合作，你们 A 产品的价格要再便宜一点儿。"

你可以这样回答：

"李总，公司层面不能再打折了。您这么支持我，我上次获得销冠，公司奖励我一枚胸针，我拿来送给您，这个是设计师限量款。我能当销冠全靠您的支持，下次您多帮我介绍几个客户，我还有好东西送给您！"（通过个人赠送礼品拉近关系）

反馈给领导层

当客户提出合理但暂时无法满足的要求时，销售人员应表示理解，并承诺将问题反馈给公司领导。这既能让客户感受到被尊重，也为后续合作留有余地。

例如，当客户说：

"我们是长期合作的老客户了，你们 A 产品的价格要再便宜一点儿。"

你可以这样回答：

"李总，您这个问题提得非常好，我也觉得老客户就该有特殊待遇。我今天就把您的意见反馈给领导，有消息第一时间通知您。稍后我个人送您一份礼物。"（让客户感受到被尊重）

通过这些引导方法，销售人员可以在维护公司利益的同时，提高客户的满意度和忠诚度，为长期合作奠定坚实的基础。

许多销售在维护老客户时容易陷入误区：认为只要完成了合作便万事大吉。

实际上，<u>老客户是一座巨大的"金矿"，对他们的维护能力直接体现销售人员的基本功。</u>

在维护老客户关系的过程中，客户需求并非一成不变，需动态挖掘客

第七章　推动老客户转介绍，高效获取新客户

户新需求，提高复购可能性。

例如，去年 A 公司与你合作时仅有一个奶粉事业部，但今年裂变出液态奶事业部、冰棍事业部等，各事业部有独立的决策链、预算、决策人。此时，就不能再沿用去年的需求方案，而应动态跟进，提供针对性解决方案。

<u>随着与客户关系的深入，销售人员的角色也应从单纯的执行者转变为引领者。</u>市场和行业不断变化，你可凭借对市场的敏锐洞察，通过开发新产品或提供新的解决方案，引导客户发现新需求，助力他们更好地适应市场变化，实现更大价值。

当按照上述思路开展工作，你会惊喜地发现，与客户的关系将愈加紧密。毕竟，每个人都渴望不断汲取新能量，追求成长与进步。你认为在维护老客户方面，接下来还需优化哪些动作呢？

第二节
最好的客户来源，是转介绍

<u>在销售领域，客户转介绍被视为最佳获客方式</u>。纵观业内，绩优的销冠，很多都是"玩转"转介绍的高手。

转介绍是获得新客户的生命线

销售 A 与 B 同时进入公司，天赋、人脉、背景、教育等条件相近。

一年后，销售 A 遗憾离职，而销售 B 却成了行业新星，斩获公司及行业多项大奖。两人起点相同，为何结局迥异？

原来，销售 A 入行后虽积极开发新客户并积累了一定业绩，但每成交一单便"鸣金收兵"，羞于开口请老客户转介绍。他担心此举会节外生枝，影响客户关系，结果客户名单耗尽后再无新资源，只能黯然离场。他的这种做法，就像狗熊掰棒子，边积累边流失。

第七章 推动老客户转介绍，高效获取新客户

销售 B 则不同：他从开发新客户起步，无论是否签单，都注重维护客户关系并主动请求转介绍。他聚焦客户需求，真心解决问题，服务体验极佳，客户满意度高，进而主动为其引荐新客源。一年后，他的客户资源越积累越多，合作量也越来越多，最后成了销冠。

转介绍是获得新客户的生命线。虽然开发新客户能在短期内提升业绩，但若不抓住机会推动转介绍，终将导致客户资源的枯竭。

我曾经也对转介绍不以为意，但一件事情的发生让我彻底改观。

多年前，我作为销售负责人，耗费大量资源攻克了福建某大客户。合作洽谈时，我携公司高管一同拜访，双方沟通顺畅并快速达成合作。

但是，客户老板对我带来的高管更为认同，他们之间建立了密切的沟通，后续还主动向其进行转介绍，而高管出于业务平衡考虑，将转介绍客户分配给了其他同事。

起初我没太在意，认为转介绍的客户未必成单且体量有限。但出乎意料的是，转介绍的新客户的业务规模远大于原开发客户。

这意味着，我因一时不重视客户转介绍，不仅损失了业绩与提成，更错失了长期合作的大客户。这一教训让我深刻认识到：不能忽视任何一位客户，更不可轻视客户的转介绍工作。

客户转介绍的流程

在实际工作中，转介绍并非偶然发生，而是可以通过系列化精心设计来实现。以下是一个完整的客户转介绍流程，帮助你更好地引导与管理转介绍过程，从而高效地获取新客户。

拿下一号位：销冠当场就签单

第一，确认解决方案的群体价值。

先让老客户明确感受到你的方案不仅对其有效，也能为其朋友或同行创造价值。

例如，你可以对老客户说：

李总，您看，我们这个解决方案显著提升了贵公司的绩效。（**确认价值**）若您有同行朋友希望提升员工业绩，这套方案同样适用。（**提建议**）您看，仅1个月，8大体系就让贵公司的业绩提高30%。（**进一步加强客户的认可度**）

这样可以增强客户的认同感，为后续的转介绍打下基础。

第二，一次只推荐一位新客户。

接下来，可以请求老客户推荐一位新客户。注意，避免给客户压力，聚焦单一推荐目标。

例如，你可以对老客户说：

咱们的方案，确实对快消品/食品行业公司是场"及时雨"。您已见证其效果，我相信您身边肯定有不少朋友需要它。能否帮我推荐一位客户？我会让新客户感谢您的引荐，帮他解决这方面的问题。

第三，了解新客户的信息。

在老客户同意推荐后，进一步了解新客户的具体信息，以便更好地与新客户建立联系。

例如，你可以对老客户说：

李总，您朋友的公司是否也有提高业绩的需求？作为企业主，他肯定有决策权吧？（**确认决策权限**）

同时，要多了解一些新朋友的具体背景、企业遇到的主要问题，做到知己知彼，这样见到客户才更容易谈合作。

第四，请老客户致电新客户背书。

为了增强信任感，可以请老客户给新客户打电话，说明推荐的背景和价值。

例如，你可以对老客户说：

听您描述，您朋友的公司面临的问题与您相似，方案适用性很强。你们关系这么好，以您的热心，定想帮他解决难题。若担心沟通不清，您给他打电话说一声，您问题已解决了，把我介绍给他，后期我专程拜访提供方案。

第五，第一次打电话给新客户，要赞美老客户。

当你第一次联系新客户时，开场以赞美老客户切入，这样可以增强老客户的形象，同时也让新客户感受到你的专业与诚意。

例如，你可以对新客户说：

王总您好，我是李总介绍的××，李总公司业绩增长迅速，这不仅是我们方案的价值，更离不开其团队的高效配合，学以致用，很快就掌握了要领并落地执行。

第六，主动约定新客户拜访时间。

在初步沟通后，尽快与新客户约定时间进行拜访，以便进一步了解需求并提供解决方案。

例如，你可以对新客户说：

王总，听李总说您公司也有业绩提升的需求，约个时间，我去您公司，也把李总公司增长的方法汇报给您，无论是否合作，都希望能为您提供参考。

第七，定时向老客户汇报。

在与新客户的沟通合作过程中，不要忘记及时向老客户汇报进展。无论合作成败，都要让老客户知道。

例如，你可以对老客户说：

李总您好，您介绍的王总我们已经见过了，我给他也做了方案，达成了合作。为了表示感谢，我向公司申请了两个总裁班名额，您与王总各得一席。

如果没有成功，也要说一下没有合作的原因，然后表示感谢：

虽未与王总达成合作，但他非常认可方案。为了表示感谢，我仍会为您与王总准备礼物，感谢您的引荐。

通过以上流程，你可以系统地引导老客户进行转介绍，同时确保新客户的体验与满意度，从而实现客户资源的持续增长和业务的良性发展。

转介绍的双向激励机制

在推动老客户进行转介绍时，不仅要让新客户受益，也要让老客户感受到实实在在的好处。这种双向激励机制不仅能提高老客户的积极性，还能增强新客户的满意度。以下是具体的实施方法。

第一，让新客户因为老客户获得实惠。

在转介绍过程中，给予新客户一些特殊的优惠或服务，可增加其参与度与满意度。优惠形式包括免费试用、折扣、额外服务等。

例如，可以这样说：

王姐，您在我们这里做了一个月面部护理，皮肤明显光滑白嫩了，效果很不错吧？您本身体质好，稍加调理就见效果。您身边有想做护理的朋友，可以带她过来体验。报您的名字，我送她一次价值199元的服务。如果她自己来，我们就不送了。

第七章 推动老客户转介绍，高效获取新客户

第二，给予老客户合理回报。

除新客户优惠外，老客户也应获得相应奖励，如现金返利、积分、礼品或其他形式的激励。通过这种方式，老客户既能帮助拓展业务，又能获得实际利益。

须注意，设计老客户激励方式时需要谨慎。若处理不当，可能引发误会，甚至比不激励更糟糕。例如，直接承诺提成可能引发提成来源、比例及公司财务合规等问题，且可能显得不够正式、专业。

建议通过公司认可的正式渠道给予奖励，如以公对公形式提供资源、福利或服务折扣。这种方式不仅公开透明，而且符合企业长远发展原则，同时也能让老客户获得正式且积极的体验感。

例如，可以这样说：

另外，只要她来体验，不管买不买，我都送您一次价值199元的服务；如果她购买了，消费总额的10%会返到您的卡里，作为下次拿产品或消费的积分。

第三，晓之以理，消除客户顾虑。

提出转介绍请求时，需让客户明白转介绍对新老客户均有益。通过合理的解释与真诚的态度，消除客户的防御心理，使其更愿意参与转介绍。

例如，可以这样说：

您看您朋友脸部有皱纹，她肯定想治疗，到哪里都要治。咱们这里的效果您体验过，非常好。您介绍给她，我还能送她一次服务。如果她去了别的地方，万一效果不好，不就白花钱了吗？也没有服务送。至于她买不买，完全自愿，我们就给彼此一个了解的机会。

通过双向激励机制，新老客户均能受益，从而形成良性循环，促进业务持续增长。

转介绍要基于信任展开

转介绍，是基于客户对你、公司或平台的认可与信任，进而向他人推荐。其前提在于你是靠谱的。许多老板不愿帮忙转介绍，是担心你不可靠、服务不到位，或怕因此丢面子。若因你的问题导致其与被推荐人关系受损，那便得不偿失了，他们自然会谨慎行事。

与开发新客户相比，转介绍能更快找到优质新客户。通常，开发新客户需经历建立信任、探索需求、谈判等环节，而转介绍借助推荐人的信任背书，可快速与新客户建立初步联系，节省时间精力，缩短销售周期。

但是，在请客户转介绍时，销售会陷入以下误区。

误区一：只给客户的联系方式。

这种方式缺乏权威背书，近乎陌生拜访。更好的做法是让推荐人提供联系方式的同时，提前沟通铺垫。

误区二：把转介绍变成金钱交易。

切忌直接给"好处费"，此举不仅不体面，可能被客户轻视，还存在法律风险。可通过公对公赠送赠品（如"介绍成功后，送一次新产品体验服务"），更易被接受。

误区三：忽略必要的流程。

转介绍虽提供了信任基础，但不能因此跳过拜访、建立信任、探索需求、谈判等关键流程，这些是合作成功的前提，不可掉以轻心。

转介绍只是为你提供了信任的基础，但最终能否达成合作，还需要你通过专业的沟通与服务来巩固。

第七章 推动老客户转介绍，高效获取新客户

误区四：让新客户只关注职业，而非对人的介绍。

许多客户转介绍时侧重介绍职业、公司、平台，却忽略人的能力与价值。实际上，转介绍应重点推荐"人"及其解决问题的能力，而非仅停留在关系层面。

例如：

我认识一个朋友，他在×方面能力很强，能帮别人解决×方面的问题。我公司跟他合作后，××问题得到了很好的解决。你们公司跟我们业务相似，相信你也可以听听他的专业建议。

这段话术既包含职业信息，又强调个人能力，提供了权威可信的背书。

转介绍要选对时机

如何恰当提出转介绍请求？选对时机至关重要。

许多销售不好意思开口，怕被拒绝或影响关系。但只要你抱着真诚帮客户解决问题的态度，在合适时机提出，客户往往乐意牵线。

时机一：客户达成目标，对你认同时

帮客户达成目标，客户对你赞不绝口时，就是绝佳的转介绍时机。

例如，你帮客户跑通第一个业务小闭环，让他拿到了想要的结果，他对你说：

多亏了你，这事才这么顺利！

这时，你可以顺势说：

张总，能认识您这样的朋友真荣幸！您身边还有哪些企业家朋友可能需要这方面的帮助？我想把这套方法分享给他们，让他们少走弯路。

拿下一号位：销冠当场就签单

在开始时，你就可以暗示他：

要是我帮您达成这个目标，您是否帮我推荐些客户？到时候您也能享受更多合作红利，怎么样？

这样提前铺垫，目标达成后再提转介绍，成功率更高。

时机二：争取到额外支持政策时以开玩笑的方式提出

人与人之间，讲究价值交换。

当客户需要政策支持或优惠的付款条件时，你可以说：

我帮您尽力在公司争取，要是成了，您看能不能帮我转介绍几个优质大客户，就当是对我努力的"奖励"啦！

这种价值交换逻辑清晰，客户心里清楚得很，通常不会拒绝。

时机三：客户向你求助时

当客户因公或因私向你求助，你帮忙解决后，可顺势提出转介绍。

例如，客户说：

这段时间负面新闻偏多，能不能找到靠谱的公关公司？

你就可以说：

负面新闻的事，我帮您找靠谱的公关公司解决。您知道我对××客户挺感兴趣，您跟他们关系好，能不能帮我引荐一下？这回我帮您，下次您帮我，咱互相扶持。

这样一来，事情就变成了君子协定，客户一般会信守承诺。

时机四：佳节拜访氛围融洽时

佳节拜访客户，通过唠家常、送祝福营造融洽氛围，此时提出转介绍请求，客户心情愉悦，答应的可能性更高。

例如，春节回访客户并送上一份礼物，聊得愉快时，你可以说：

张总，今年我各方面都不错，就是客户数量还没达到理想状态。您人脉广，能不能帮我引荐几个客户？有您在中间帮衬，我也更有底气。

这种场合提请求，既不突兀，还容易成功。

公司如何构建有效的转介绍体系

在当今竞争激烈的市场环境中，公司不仅要注重新客户的开发，更要重视老客户的维护和转介绍。

老客户转介绍既能降低获客成本，又能通过信任背书快速建立新客户信任。因此，构建有效的转介绍体系，可参考以下几方面。

第一，举办行业引流沙龙/行业研讨会。

通过举办行业活动，如引流沙龙或行业研讨会，吸引潜在客户并增强现有客户忠诚度。此类活动既能提供交流平台，又能展示公司专业能力与行业地位。

针对不同类型的客户，可采取差异化策略。

万众瞩目型客户：给予展示机会，如颁发锦旗、顾问证书，满足客户的心理需求。

思考型客户（逻辑思维强）：这类客户多疑，更适合通过让其"欠人情"，促使其以转介绍"还人情"。

权威型客户：如某大领导。邀请其访问公司，拍照陈列并请教产品/服务建议，实现双方共赢。公司可安排销售向其提出转介绍要求。

第二，为转介绍的新客户提供低价或者免费试用。

为吸引新客户并鼓励老客户转介绍，公司可针对具备行业示范作用或

拿下一号位：销冠当场就签单

对公司营收有正面影响的客户，推出营销措施，比如低价或者免费试用。这种方式既能降低客户的尝试成本，又能通过实际体验增强客户的信心。

例如，

销售：陈总，感谢您一直采购我们公司的电梯广告，对您的市场启动帮助很大，对吧？

客户陈总：对呀。

销售：这个行业的××企业老板吴总，是您的朋友吧？我们公司刚推出"老带新"的政策，老客户带新客户，新客户可获得免费打样的机会，老客户也能得到同等资源的赠送。因为传播资源有限，公司只剩最后两个名额，我给您和吴总各留一个，这个"薅羊毛"的机会别错过。

客户陈总欣然接受。

第三，建立会员和积分制度、采购阶梯奖励制度及举办年度颁奖仪式。

通过建立会员和积分制度、采购阶梯奖励制度，公司可以激励客户进行更多的购买和转介绍。此外，举办年度颁奖仪式可以增强客户的归属感与忠诚度。

会员和积分制度：为客户提供会员卡，根据客户的消费金额或频率累积积分。积分可兑换产品、服务或折扣。比如每消费100元积100分，积分可以按照10∶1兑换新产品或服务。

采购阶梯奖励制度：根据客户的采购金额设置不同的奖励等级。比如采购10万元，给予10%的产品奖励；采购20万元，给予15%的产品奖励。

年度颁奖仪式：每年举办颁奖仪式，表彰优秀客户和转介绍客户。颁发"最佳合作伙伴""最佳转介绍客户"等荣誉证书。

第七章 推动老客户转介绍，高效获取新客户

通过这些策略，公司可有效激励老客户转介绍，从而降低获客成本，提升客户满意度与忠诚度。

个人如何构建高效的转介绍体系

对销售人员而言，构建高效的转介绍体系至关重要。

通过巧妙的策略，销售人员可更好地利用老客户的资源拓展新客户，提升业绩。以下是一些具体策略。

第一，谈判关键期交换法。

在谈判的后期，客户提出价格要求时，可巧妙地提出转介绍的要求。这种方式不仅能让客户感受到你的诚意，还能为双方创造更多的价值。

例如，

销售：李总，这个价格已经触底，根据公司制度确实无法再让步了，我为您争取到价格降1万元，唯一条件就是您得帮我介绍两个新客户。

客户李总：好呀。

第二，融入高能量人脉圈，付费成为客户的客户。

融入高能量人脉圈：加入行业协会、商会、专业社群等，这些地方聚集了高价值的潜在客户。定期参加活动，与潜在客户建立联系。

付费成为客户的客户：若公司难以与行业大客户直接合作，可尝试间接突破的方式。例如，大客户老板推出个人IP及相关的课程时，销售可付费成为他的学员。他为了维护他的学习体系，很容易和你亲切交流，甚至促成合作。

第三，跟客户理性分析并引导转介绍。

理性分析：向客户说明转介绍的好处，如公司有奖励制度，转介绍成

功后可以享受折扣或额外服务。同时，强调转介绍对其朋友或合作伙伴的价值，并分享成功案例增强说服力。

例如：

张总，我们之前有个客户通过转介绍，不仅自己获得了额外的折扣，还帮助朋友解决了实际问题，双方都非常满意。

第四，打造自己的知识结构。

专业知识：不断提升自己的专业知识，成为行业专家。比如销售电子产品，你可以学习最新的技术趋势、产品特点等，以便更好地为客户提供专业建议。

分享知识：通过写文章、发朋友圈、举办讲座等方式，分享你的专业经验。这不仅可以提升个人品牌知名度，还可以吸引更多的潜在客户。

培训客户：如果客户需要，可以提供免费的培训或咨询服务，帮助客户更好地使用产品或服务。比如卖衣服，你可以教客户穿搭技巧，提升客户的满意度。

转介绍是获取新客户的优质途径，既能降低获客成本，又能通过老客户的信任背书，快速建立新客户的信任。

转介绍不是生硬索取，而是基于信任与价值交换的互助。把握时机，用真诚与智慧去沟通，客户帮你转介绍，可能比你想象中更简单。

试试吧，或许下一个大单，就来自转介绍的助力！

第三节
消除顾虑，让客户放心转介绍

为什么你向客户提出转介绍后，常遭拒绝或石沉大海？原因诸多，但你很可能是陷入了低效转介绍的陷阱。

如何精准转介绍

低效转介绍是销售过程中的隐形大坑。主要有以下几种情况。

第一种，只向销售提供新客户的名字与联系方式。

这种做法如同盲人摸象。缺乏背书和信任基础，直接推送陌生客户给销售，与开发全新客户无异，很难成功。

第二种，老客户未与被介绍人沟通。

老客户只是简单引荐，没有进一步沟通，也不向新客户介绍销售的优势与价值。这就像隔着迷雾，双方互不了解，何谈信任呢？这样的转介绍

拿下一号位：销冠当场就签单

基本就是浪费彼此的时间，很难见成效。

第三种，未经筛选，迫于人情压力随意推荐。

客户对被推荐者缺乏了解，为应付承诺而随意推荐，甚至不清楚对方是否有需求。这种转介绍自然难有结果。

第四种，介绍人不愿意透露自己的信息。

主要原因是介绍人担心销售表现不佳，影响自己和被介绍人的关系，从而让销售独自承担风险。

与此对应的是精准转介绍，需有意识地去筛选培养。

第一种，介绍人提前筛选，而非随意推荐。

这如同为销售提供精准导航，避免后续跟进时像无头苍蝇乱撞。

第二种，介绍人主动沟通背书，并明确被介绍人需求。

例如，同行之间互相了解，介绍人会说：

"这小伙子靠谱，服务超棒，帮我们解决了不少难题，你有类似需求，直接找他就行。"

这样的推荐极具说服力，成交只是时间与渠道问题。

第三种，介绍人主动创造见面机会。

例如，参加行业会议时带上销售，现场做背书。这样的机会非常难得，能直接高效建立信任，销售后续深度沟通也会更顺畅。

第四种，介绍人愿意帮销售促成新订单。

如果你和介绍人关系密切，并且为其提供帮助或情绪价值，他的内心会产生亏欠感，自然会帮你促成新订单。

第五种，通过介绍人了解被介绍人的兴趣喜好，并投其所好。

介绍人会告诉你被介绍人的喜好，如沟通习惯、话题偏好等。从这些切入点发力，更容易达成想要的结果。

转介绍，要有意识地避开低效的坑，主动朝着精准的方向努力。

让客户放心地转介绍

客户对产品或服务挺满意，却迟迟不转介绍，是因为他们心里有顾虑。如何消除客户的顾虑，让他们放心地转介绍呢？

从个人层面来讲：

第一，要有利他之心。

对客户真诚，有耐心，不唯利是图。

越是资深的合作方，越看重诚意、品质与专业能力。老板首先要看到你的诚意，看到你的基本品质过关，能力达标，才有可能愿意帮你转介绍。

切记，简单、真实、利他是最重要的原则。

第二，给客户提供合理的转介绍理由，并为他设计得体的引荐说辞。

例如，

"我的朋友××是某领域专家，我们公司与他合作后在××板块成效显著，我认为您可以听听他的专业建议，或许能为您解决××问题。"

第三，维护介绍人的"面子"。

维护"面子"可以从以下几个细节体现。

专业度：摒弃"马屁精"思维，以扎实的专业能力赢得认可。

形象管理：清爽、干净、利落的外在形象，传递高级感，接触时让人感到舒服。

靠谱沉稳：言行沉稳，不浮夸，不乱说话，有分寸感。

懂得感恩：及时表达感谢，杜绝过河拆桥。

提供额外服务：为介绍人提供情绪价值或公司层面的附加服务，让其感到有所收获。

第四，组织三方聚会，创造现场介绍的机会。

介绍人和被介绍人都在场，气氛融洽，可以敞开交流，快速沟通进入准成交状态。

例如，组织跑步、爬山、学习会，或者约一次周末的聚餐，三方都在场，在轻松的氛围下聊聊天，拉近彼此之间的距离。

第五，建立良好的个人品牌。

在新媒体时代，你要学会借助抖音、快手、微信、视频号等平台展示自己的专业度。

例如，定期发布专业领域相关的内容，让推荐人觉得你专业靠谱；经营好朋友圈，不定期发布获奖证书、客户好评截图等，强化靠谱形象。

第六，不可以貌取人。

重视看似普通的角色（如公司前台、保安），他们往往掌握关键信息，和他们建立良好的关系可能会带来意想不到的收获。

有一次，我去拜访客户，刚好他当时在开会，前台就把我带到了会议室。当时时间比较充裕，我就和她闲聊了一会儿，了解了她的一些基本情况和喜好，彼此慢慢熟悉了起来。

后来，我每次拜访这个客户，都会给前台带个小礼物。两三次后，她开始把企业内部的很多情况告诉我，还会介绍公司里的人给我认识。令我意外的是，她竟然是老板的女儿，当时在国外留学，趁着暑假来公司增加社会实践经验。她对企业的很多情况都很了解，而且有比较大的话语权。

第七章　推动老客户转介绍，高效获取新客户

由于我和她之间建立了比较好的关系，最终通过她的引荐快速达成合作。

除了个人层面，你也要懂得让公司成为"助攻"。可以做以下两个动作。

第一，借助公司的名义，组织利于转介绍的主题活动。

比如可以组织一个演讲技能训练营、一次野营活动，也可以组织亲子游、孩子健康教育讲座等活动。

第二，践行"欲取先予"原则。

向客户提出转介绍时，准备实用伴手礼表达心意，无须昂贵，但需体现诚意。

老客户转介绍是低成本获客的利器。只要做到"做人到位、说话精准"，老客户自然会主动传播，新客户也会慕名而来。现在，就从你最重要的客户开始，思考如何让其放心为你转介绍吧！

第八章
高效复盘，让努力产生复利

第一节
复盘不是选做题，而是必做题

做销售，最怕盲目行动却从不复盘。不少人每次碰壁后只懂舔舐伤口，次日又重复同样的路径，再撞南墙、再折返……

其实，<u>复盘不是防止撞墙的拐杖，而是助你翻越障碍的梯子。</u>

未复盘的经验 = 经验值永远清零

若你不理解复盘，难免觉得它多余。或许你会想：每天工作应接不暇，从早忙到晚，哪有时间复盘？况且过程早已了然于心，何必多此一举？

我初任基层销售时，每天要处理二三十件事务，忙得焦头烂额。领导建议我养成工作复盘的习惯，但我实在抽不出精力，认为这是额外负担。于是我便如实向他说明了情况，他表示理解，并未强求。

但是，正是因为我不重视复盘，错失了一个大客户，至今记忆犹新。

第八章　高效复盘，让努力产生复利

当时，我有一项重要工作是追踪头部客户并更新信息，每日撰写跟进记录。我负责跟进的一家客户全年媒体投放预算达 3000 万元，谈判时客户明确表示：若我答应某条件，他就可以给我相应的预算。但我当时慌乱无措，谈完后只顾纠结对策，未及时记录关键信息。

作为初级销售，我不敢擅自决策，想咨询广告部主任的意见，却恰逢他在杭州开会。我心想，等他回来再说，便将此事搁置。此后 4 天里，我虽反复琢磨，却未采取任何实质性的行动，也没有更新客户跟进表，只在内心纠结。

后来才知晓，客户在这期间考察了 8 家电视台。谈判结束后，我满脑子都是客户的条件，紧张纠结之余，完全没意识到客户可能已与其他媒体接触。4 天后见到广告部主任时，他指着空白的客户跟进表摇头道："你知道为什么销售冠军的笔记本总比你的厚吗？"

那一刻，我深刻领悟到职场最痛的等式：未复盘的经验 = 经验值永远清零。

若当时我重视复盘，及时整理谈判中的关键信息，或许能更快找到解决方案；若我当时跟进更紧密、效率更高一些，成为合作方的概率也会大幅增加。

工作复盘不仅在于总结成绩，更在于发现不足。若你在某件事上碰壁，应思考如何换路径跑通，而非在原路上拖延。毕竟，时间不会停滞，机会从不等人。

从那天起，我的办公桌上多了本黑色笔记本，每天强制自己进入"电影回放模式"：今天见了哪些客户？客户提出了哪些可采纳的建议？存在哪些待解决的问题？有哪些经验值得总结？哪些方面仍需改进？如何第一时间匹配客户需求？

<u>如果不复盘，做再多工作，也等同于无效劳动</u>。如今，若团队新人问我：

每天见那么多客户哪有力气复盘？

我会坚定地告诉他：

销售拼的不是拜访量，而是让每次对话有复利。

复盘，让每一次努力更精准

人们常说"吃一堑，长一智"，但现实中，被同一块石头绊倒两次的人还少吗？

2000多年前，孔子被问及最优秀的学生是谁时，他毫不犹豫地回答是"颜回"，因颜回"不迁怒，不贰过"，既不将愤怒转嫁他人，也不会在同一件事上犯错两次。换言之，颜回擅长总结经验，避免重复失误。这种能力，在今天被称为"复盘"。

复盘的本质，是从工作细节中挖掘可改进之处。无论成功经验还是失败教训，都需认真对待，唯有不断总结，才能推导出下一步行动计划，让每一次努力更精准。就像射击，瞄准后才更易命中靶心。

不过，复盘这件事有点"反人性"，因为直面自己的不足，真的很不容易。所以，<u>我们要先给自己一个动力，从人生意义的角度去看待复盘，为自己而做，行动就从"可做可不做"变成了"必须做"</u>。

第一步，写下你的人生梦想。

马克·吐温曾说：

人的一生只有两天最重要，一是出生之日，二是明白自己为什么而活之日。

第八章　高效复盘，让努力产生复利

每个人都有梦想，但梦想需要被具体化。例如，约翰·戈达德（John Goddard）在15岁时列下了127个人生目标清单，终其一生完成了109个，如尼罗河全程探险、四次环球旅行、阅读经典著作、医学和探险双职业发展、出版一本关于尼罗河之旅的书籍等。他的核心不是完成清单，而是通过行动实现梦想。

那么，你的梦想是什么？<u>它不一定是终点，但至少应该是清晰的前进方向。</u>

第二步，写下5~10年的人生目标。

目标不需要完美，但需要足够清晰，比如我的目标是5年内年薪破100万元。

透过目标，思考想成为的人，用三个核心词定义人生标签，是"专业""高效""可靠"，还是"创新""果断""坚韧"？这些词会成为你行动的指南。

第三步，拆解年度目标。

例如，我的目标是5年内年薪破100万元，那有什么动作与之匹配？这就导向把目标拆解成具体的行动方案。我从三个维度进行了拆解：

一是工作拆解，比如每天要打多少电话、跟进多少客户、在什么时候成交。经过测算，我可以估算出，打一个电话的回报是1200元左右，这让我的行动力倍增。

二是学习计划，因为要和很多客户沟通，我不仅要懂销售，还要学习与客户行业相关的知识，力求成为"通才"。

三是体魄管理，我养成了跑步的习惯，确保自己有足够的精力去完成目标。

有时候，目标可适当定高一点，因为"求其上者得其中，求其中者得其下，求其下者无所得"，要给自己留出突破的空间。

当我把细节拆解清楚后，每天都充满了干劲儿，原计划每天联系 8~10 个客户，但我为了加速达成目标，每天联系 15~20 个不同层级的客户。最终，超额努力让我在第三年就实现了目标。

复盘，不是为了完成任务，而是对自己的人生负责，是为了让你变得更好。当以这种视角看待复盘时，行动便会从"反人性"变为"顺人性"，成为必选项。

接下来，你会不会尝试做复盘？如果你愿意，不妨从今天开始，写下你的行动计划。毕竟，行动才是改变的起点。

第二节
你的日、周、月工作复盘

你是否发现，许多销售每天忙得焦头烂额，却始终困在"做了很多事，却没做成几件"的怪圈里，难以挣脱？

问题的根源在于：只顾盲目行动，却缺乏对工作的回顾、反思与调优。

"PDCA"循环，是工作精进的加速器

在服务大客户的过程中，我发现自己总结的新思路、新方法，都是基于过往跟进客户时的不足或目标未达成。

事实上，新思路、新方法固然重要，但复盘才是核心，因为方法都源于复盘。若你拥有独家方法，如同掌握"降龙十八掌"，签单自然事半功倍。

我的独家方法是"PDCA"循环法，即计划（Plan）、执行（Do）、检查（Check）、调优（Action）。它的核心在于：每次复盘的重点不是进行简单总

结，而是明确差距，找到方向，让行动更精准。这就像一个持续精进的轮子，每转一圈，效率与成果都会提升一个台阶。

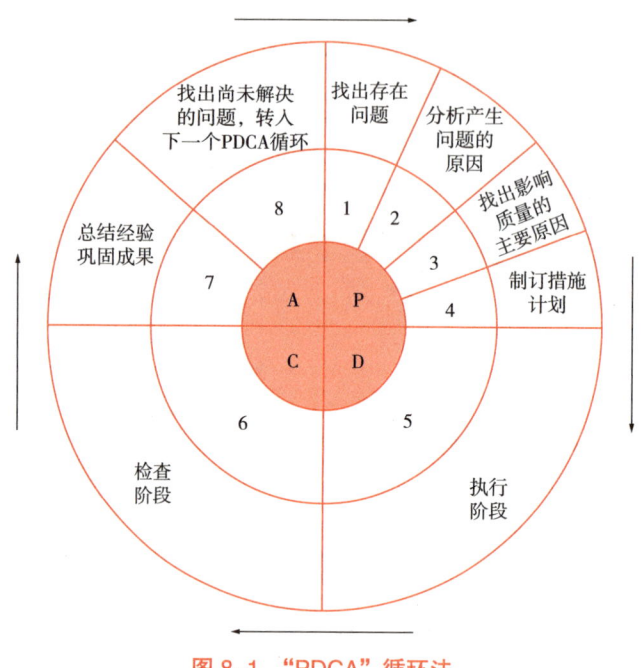

图 8-1 "PDCA"循环法

计划（Plan）：不让"忙"变成"盲"

给自己制定一个清晰的目标，并配套详细的行动计划，让工作既有方向，又有动力。

我建议，你可以每天、每周、每月问自己：我的目标是什么？哪些事情必须做？打算如何执行？

执行（Do）：行动是复盘的起点

计划再完美，不执行也只是纸上谈兵。

在执行时，不能只是模糊地去"学习""锻炼""约客户"，要把任务具象化，要明确为"今天要看30页书""跑5公里""拜访10个客户"。

第八章　高效复盘，让努力产生复利

检查（Check）：非为责备自己，而是溯源

准备两支笔：完成的任务用蓝笔打钩，未完成的任务用红笔标注。

未完成的任务要找问题所在，再追根溯源，发现深层次的原因：是主观意愿问题，还是客观因素限制？是身体状态不佳，还是优先级排序有误，导致没时间完成？

检查时要关注以下几点：

1. 动作的量化指标是否达标。要实事求是地核对每一项量化指标，确保数据真实准确，不敷衍。对于未达标的量化指标，要深入分析是目标设定过高还是执行偏差，从而有针对性地调整。

2. 动作导向的结果是否完成。要全面评估结果与预期目标的差距，思考是过程中的某个环节出了问题，还是外部环境变化影响了结果，进而制定相应的补救措施。

3. 关键动作指标是否达标。例如，我的关键动作指标是拿下企业"一号位"，那就须检视该目标是否达成。如果没有达标，须分析原因并改进，通过实践验证措施有效性。

调优（Action）：让今天的不足成为明天的武器

例如，没有完成的任务，明天如何补救？完成的任务，如何优化提升？

用时间换取人生的从容

部分销售将工作复盘视为"补作业"，但销售高手的复盘，是让时间为自己服务，而非被时间推着走。

这如同小时候做假期作业。若放假只顾玩，开学前几天突击写作业，

拿下一号位：销冠当场就签单

很容易完不成且心态崩掉。但若刚放假就认真对待作业，并做好规划，比如 20 天完成作业，10 天检查，剩余时间自由支配，便会从容许多。

<u>当你认真负责地对待工作，也是对自己的人生负责。</u>

我通常每天、每周、每月甚至每年都进行工作复盘，并遵循以下原则。

第一，以工作复盘检查表为审视工具。

工作复盘检查表是复盘的基础框架，能够帮助我们构建系统框架，避免遗漏重要环节。同时，通过定期优化检查表的内容与结构，使其贴合实际需求，提升复盘的效率与质量。

第二，以分解后的工作饱和度与工作有效性评估工作。

工作饱和度是工作数量是否充足，工作有效性是工作能否产出实际结果。

第三，拿下企业"一号位"的关键进度能否达成。

大客户销售核心，一定要导向拿下企业"一号位"，避免"量达标而质未达"。

第四，对照业务量化的差距，是否可以在进度前完成。

量化，一个是数量，一个是业务金额。比如学习计划是否按量达标，每天要看多少本书，每周要跑多少公里，都要复盘看指标的完成情况。

那么，具体该怎么做呢？

第一，每日复盘。

睡前 10 分钟"过电影"，用红、蓝笔检查当天的任务完成情况。

今天做了什么？

做的事情分别花了多少时间？分别有什么产出？

哪些是应该做的？哪些是不应该做的？

第八章 高效复盘，让努力产生复利

遇到了哪些问题？分别是什么原因造成的？

应该做的事，有没有更优方式？

哪些方面需要改进？

别忘了记录当天的小幸运，发生了什么事让我感到快乐/愉悦/舒畅？

第二，每周复盘。

周日晚上进行行动校准，回顾本周的计划执行与目标达成情况。

周内工作复盘，根据行动验收结果，并分析原因。

列出下周计划，明确具体的行动。

制定详细的下步策略，比如哪些事情继续做、哪些事情停止做、哪些事情开始做。

第三，月度复盘。

总结本月的进步与成就，明确下月的重点方向，用一个月的时间换两个月的从容。

本月目标是否合理？是否完成？

为了达成本月目标做了哪些事情？具体的执行情况如何？

本月各个目标的完成时间与完成结果是否符合预期？

本月目标完成/未完成的原因是什么？

本月我取得了哪些进步与成就？

哪些事情应该继续做？哪些事情应该停止做？哪些事情应该开始做？

第四，年度复盘。

回顾目标完成情况，分析原因，为新的一年制订清晰的计划。

用一个词/句子总结过去的一年。

复盘过去一年目标完成情况，分析这些目标成败的原因。

拿下一号位：销冠当场就签单

回顾过去一年自己取得的成就。

记录过去一年自己的遗憾及背后原因。

为新的一年制订目标与计划。

表8-1　20__年__月__日（周__）工作计划/复盘表

事	序	客户及行动计划	完成情况	未完成原因及对策
重要事项清单	1			
	2			
	3			
日常工作事项	1			
	2			
	3			
	4			
	5			
	6			
	7			
	8			
	9			
	10			
（差距分析与改进措施）复盘				
个人学习与爱好培养	1			
	2			
	3			

这样做的目的在于：

第一，检查进度。

通过复盘，明确任务完成程度，对比实际与预期进度，及时调整节奏，确保工作按计划推进。

第八章　高效复盘，让努力产生复利

第二，找出工作差距及未做到的原因。

比如发现有些工作没做完，是因为今天身体状态不佳，那就先标注红色，明天再补回来。

第三，有针对性地优化行动计划。

做完的也要检查结果，对已完成但效果不佳的工作，思考接下来的改进方向，让行动计划更有针对性。

第四，明确为了达到目标还需要做的事。

若你现在的行动没有导向目标，那接下来明确还要做些什么事去弥补这个差距。

你今天的复盘，是否让你比昨天更接近目标？如果还没有，不妨从今晚起，用红、蓝笔勾勒出你的行动地图。

第三节
客户项目复盘怎么做

你是否见过这样的销售团队：

拼尽全力拿下了客户，却在交付时发现需求错位；

投入了大量的人力、物力、财力，却始终无法打动企业"一号位"；

自以为摸清了客户痛点，却发现解决方案根本无法落地。

问题的根源，或许在于缺乏客户项目复盘，这让团队如同盲目作战：指挥部手里握着模糊的作战图，你对前线进展一无所知，甚至不知方向是否正确，却自以为即将胜利。

不在纠错，而在校准方向

客户项目复盘的核心，不是为了证明哪里做错了，而是明确目标，让后续行动更精准、更有效。

第八章　高效复盘，让努力产生复利

客户项目复盘，相当于手里有了详细的作战图，你可以做到以下几点。

第一，检查客户的跟进情况。

客户跟进哪一步？你的胜算多大？后续需要哪些资源支持？这些问题的答案你在心里要都有数。

第二，找出工作差距及没做到的原因。

为什么没有联系上客户？是自己的话术问题，还是客户真的忙碌？下次邀约如何调整？找到问题的根源，才能让每一次调整都直击要害。

第三，明确接下来的行动计划。

今天未完成的事项，接下来如何弥补？有些事情没做好，明天如何优化？制订更高效率的行动计划。

第四，校准目标方向。

为达成客户目标，还需要做哪些事？当前方向是否存在偏差？这些需要系统总结。

客户项目复盘并非简单总结，而是从战略高度审视全局，否则很容易跑偏。

你需要问自己：

客户的战略目标是什么？

客户的战略目标达成情况怎么样？差距还有多大？

现在是否有明确的解决方案？

我能为客户提供哪些独特的价值？

只有站在客户的视角，甚至看得更远，你的建议才真正具有分量。

客户项目复盘的基本步骤

通常将每个客户的情况形成一个项目报告,可做成不超过 10 页的 PPT。是客户项目复盘的主要内容。

第一,客户信息管理。

复盘时须确认基础信息、行业格局、产品情况、营销费用等信息是否清晰。比如是否了解客户的喜好?他们的营销预算大致范围是多少?

第二,权力地图。

结合客户的组织架构,用权力地图找到客情卡点。

例如,是否清楚组织架构与决策链?对客户相应一层、二层、三层 KP 的信息是否掌握?决策链是否完整绘制?关系分是否标注?目前和哪一层 KP 的连接存在卡点?是否打通所有决策部门或者决策人,并达成合作共识?客户教练是否发展到位,并建立信任?

第三,客户痛点调查。

客户的痛点来自以下三个层面。

1. **公司层面**。公司的年度战略目标或者任务是否完成?若没有完成就存在痛点。

2. **部门层面**。营销部的 KPI 是否完成?若没有完成就存在痛点。

3. **竞争层面**。客户的竞争对手是否带来压力?存在压力即存在痛点。

可以归纳总结客户的真正痛点,挖掘真实需求,和策划部门共创解决方案。比如是否探索到客户的关键需求与战略性需求?

第四,企业"一号位"连接情况。

例如,能否成功邀约企业"一号位"?拜访沟通计划是否如期执行?

第八章　高效复盘，让努力产生复利

能否和企业"一号位"或关键人真正达成共识？沟通效果如何？能不能让他接受你的建议？是否达成联合创新项目的共识？

第五，匹配战略痛点的切实可行的解决方案。

具体的方案要确定事项，明确验收标准、负责人、督导人、验收人、时间等。例如，针对前面挖掘的痛点、关系链及与老板的关系，是否形成了全面的解决问题方案？

总的来说，客户项目复盘的基本步骤：关注人—关注事—关注组织决策关系—关注企业"一号位"。

完成外部复盘后，须同步审视内部共识。没有内部共识，外部合作就是空中楼阁。例如，公司内部是否以顶级战略资源支持联合创新项目？资源到位情况是否达成共识，以确保项目成功？

当一切都准备就绪，就要开始复盘高层会晤，对高层之间的互动安排与战略合作达成路线图等方面进行反思。例如，第一次联合创新项目达成目标后，高层互动与战略合作路线图是否清晰？双方老板是否有意愿达成战略合作？预计何时实施？

如此系统地进行客户项目复盘，才更能做到以下几点。

1. **发现问题**。问题不是失败，而是优化的起点。
2. **输出方案**。解决方案必须可执行，而非空谈。
3. **落地执行**。没有执行的复盘，只是自我安慰。

客户项目复盘不是形式，而是销售作战的"精准导航"，助你看清战场、校准方向、精准打击。你与团队是否有客户项目复盘的习惯？若有，如何将其从例行公事升级为关键武器？若没有，如何让复盘成为团队谈客户的"肌肉记忆"？

第四节
持续复盘：让成长成为习惯

那些真正卓越的销售从业者，并非依赖天赋异禀，而是将复盘内化为如同呼吸般的日常存在，每天坚持总结、反思、提炼、改进，把每一次经历都转化为经验。

持续复盘，不仅在于拆解成功背后的逻辑，更在于从失败中梳理出要规避的陷阱，让每一次行动都更有章法。

别让"假努力"毁掉你的成长

具体而言，复盘可聚焦以下几个关键点。

第一，每日工作回溯。

当日目标完成进度如何？哪些环节超出预期，哪些未达到预期？遇到的难题是怎么解决的？是否存在更优方案？没有解决的问题卡点何在？后

第八章 高效复盘，让努力产生复利

续解决方案是什么？

第二，学习成效反思。

例如，今天学了哪些新知识、新技能？所学内容是否真正内化？如果没有，下一步改进策略是什么？

第三，针对长期未解决的问题寻求破局路径。

例如，长期未解决的难题，是源于资源不足还是方法偏差？及时主动向领导请教，不仅能推动问题解决，更能展现思考深度与行动力，为职业晋升创造机会。

所以，复盘不应沦为任务，而应成为每日触发成长的"开关"。持续复盘的人，最终会发现：成长并非依赖运气，而是源于日复一日的精进。

但是，很多人在持续复盘时容易陷入以下几个误区。

误区一：形式主义陷阱。

复盘的核心是解决问题，而非填满笔记本。部分人将复盘视为机械打卡，每天记录详尽却从不深究，复盘成果束之高阁，沦为表面功夫。

误区二：逃避问题的鸵鸟心态。

不少销售仅做流水账记录，回避自身不足，不敢正视问题。但真相是：若不刨根问底，问题将永远存在，成长亦会停滞不前。唯有保持谦虚自省的"空杯"心态，方能突破局限。

误区三：光说不练的无效复盘。

复盘时分析问题头头是道，却不付诸行动。如此复盘不过是原地踏步。请记住：复盘的真正价值在于"改"，而非"悔"。

误区四：闭门造车的孤独战。

每个人都存在知识盲区，积极寻求帮助至关重要。若因担心麻烦领导或羞于开口而拖延求助，问题长期积压将严重制约成长。事实上，主动暴露问题的人，往往成长最快。

<u>复盘不是纸上谈兵，而是用今天的思考与行动改写明天的结果。</u>唯有发现问题，不断反思，想解决方法，并落地去做，才会有进步，才能有结果。以下是复盘的三大原则：

原则一：回归"该怎么做就怎么做"

许多人在复盘时会陷入两种心态：一种是"能不做就不做"，另一种是"想做却拖延"。这两种心态是复盘的天敌，一定要回到"该怎么做就怎么做"的理性逻辑。你要问自己：若此事必须完成，最优解法是什么？然后立即行动。

原则二：为自己成长而复盘。

无论是工作还是生活，每一次努力的最终受益者都是自己。看似不起眼的复盘，如同磨刀，今天多磨一分，明天便多一分破局之力。

原则三：拒绝拖延与完美主义

记住"现在就做"的行动力，而非"等有时间"或"等准备好"。对抗惰性可借助外部监督，寻找领导、家人或专业复盘教练作为督导者，推动自己持续前进。

别怕停下，要记得重新出发

人非永动机，即使是最坚定的复盘者，也有按下"暂停键"的时刻。我也不例外。

我曾经历过人生中少有的低谷：身体不适、心理疲惫，甚至对一切提

第八章 高效复盘，让努力产生复利

不起力气，每天只想躺在床上，盯着天花板发呆。

那段时间，我坚持了很多年的复盘习惯被中断，连简单的复盘清单都懒得动笔写，无力感如迷雾般笼罩，让我迷失方向。

直到有一天，我儿子的一通电话打破了这一切。

"爸爸，你能送我出国学艺术吗？"电话那头，儿子的声音带着一丝忐忑，如一道闪电击中了我。人到中年虽身居高管，却因懈怠辜负了对家人的责任。儿子的未来悬而未决，我却在原地停滞。

那一刻，我重新振作，重启复盘、规划与行动。也因此领悟到：驱动持续成长的核心力量并非对成功的欲望，而是更深层的情感——对家人的爱、对他人的善意与对世界的责任感。就像我重启复盘的动力，并非源于业绩焦虑，而是对儿子未来的承诺：我想守护他的梦想，也想证明中年亦能再战。

所以，别怕停下。低谷是人生常态，暂停休息并不可耻。<u>但请记住，停下来不是终点，重新出发才是意义所在。</u>哪怕经历懈怠、挫折或停滞，也不要忘记出发的初心。

<u>因为爱，我们拥有利他的力量；因为利他，我们获得重新站起来的勇气；因为勇气，我们才能继续前行。</u>

附录一

每一份礼物，都是与人交心的桥梁

拿下一号位：销冠当场就签单

在销售领域，送礼是常见的社交行为，但必须严格遵守法律法规和公司政策。送礼的本质是表达感谢、尊重与友好，而非获取商业利益或影响决策。

在人情社会中，礼物是情感关系的润滑剂，也是传递仪式感的重要载体。我希望帮助大家打破对送礼的恐惧，不再为此焦虑，而是畅快享受关系带来的温度与快乐。

送礼的目的

送礼的目的不同，表达的意味也不同。

第一种，破冰之礼：轻于鸿毛，重在心意。

在初次见面或建立初步联系时，送礼物的关键不在于价格，而在于传递"我对你的在意与尊重"，目的是加深情感连接。例如，初次见面时送一盒茶、一本对方曾提及的书，往往能融洽氛围，拉近彼此的距离。

第二种，情绪投资：在特殊日子埋下信任的种子。

在特殊的日子，如生日、项目庆功等重要时刻送礼，需要把握好分寸：礼物太轻会显得敷衍，太重则可能给对方造成压力。恰到好处的礼物，有助于建立更牢固的关系，为未来合作奠定信任基础。

第三种，价值探索：用礼物衡量关系的深度。
礼物不仅是诚意的体现，也是对关系的无声确认。

例如，合作推进时送上一份稍显分量的礼物，如高端茶叶礼盒，通过观察对方的反应，可以判断关系的深浅。

附录一　每一份礼物，都是与人交心的桥梁

送礼的准则

无论何种送礼方式，都要记住以下"五要三不要"准则。

"五要"准则

第一，师出要有名，说法要恰当。

送礼是为了拉近距离，联络感情。节日（如中秋、春节）、生日、婚礼、探病等都是合适的送礼时机。

若为求人办事送礼，可将送礼的话头推到对方家人身上，例如：

"东西不是买给你的，是买给孩子的。"

"随便来串门，总得给孩子带点东西！"

也可以把送礼的话头推到不在身边的家人身上，例如：

"我本不想带礼，但我妈说啥都不干，非要我带礼物过来。既然拿来了，你就收下吧，不然她又要说我了。"

求人办事最好在平时多联系，避免临时抱佛脚。

第二，轻重要得当。

礼物太贵重，容易让受礼者有心理压力，造成困扰；在职场中还可能涉嫌受贿，甚至导致对方拒收或回礼，增加消费压力。礼物太轻则显得敷衍，无法表达诚意。

第三，转赠要谨慎。

1. 纪念性质的专属礼物，不宜转赠；

2. 保留原有的标签吊牌，避免赠送使用过的、过期或损坏的物品；

3. 转赠时要拆出原礼物中的小卡片、小纸条等专属内容，最好重新包装；

4. 可以将礼物进行拆分组合，比如别人送你鼠标，你可以加个U盘和清洁液，组合成一份新的礼物。

第四，"人设"要考虑。

要考虑受礼人的立场，以受礼人为中心，考虑对方的兴趣、爱好与个性。

例如，对家贫者，以实惠为佳；对富裕者，以精巧为佳；对恋人、爱人，以纪念性为佳；对朋友，以趣味性为佳；对老人，以实用为佳；对孩子，以启智新颖为佳；对外宾，以特色为佳。

第五，品质要达标。

1. 不能送"三无"产品、劣质产品；

2. 礼物送出去前要检查一下，确保物品无损；

3. 食品要注意保质期。

"三不要"准则

第一，频率不要高。

送礼过于频繁，容易过犹不及，让受礼人不舒服，反而适得其反。平时多联系，避免意图太明显。

第二，价格标签不要留。

私下送礼，若保留低价标签，很容易让人尴尬。

第三，雷区不要踩。

例如，要考虑受礼人的风俗禁忌；要注意礼物的谐音，如"送钟"谐音不吉利；避免给异性送太私密的礼物；对于证券投资人员，不能送"熊"。

附录一　每一份礼物，都是与人交心的桥梁

如何给大人物送礼？

礼物要求

1. 质量要上乘，有品位；

2. 足够独特且有深刻的意义，价值大；

3. 在数量上要惊人，但要以对方能愉快接受为尺度。

送礼方法

第一，投其所好，锦上添花。

仔细研究大人物的兴趣爱好，送其真正喜欢的东西。

某旅拍公司老板许总很爱书法，经常在朋友圈分享作品。我们从他朋友圈知道这个爱好，发现书法老师处有很稀缺的王羲之的字帖拓片，很有价值，就买下来送给客户，客户超级开心，很快就促成了合作。

第二，移花接木。

操作1：把赠礼人、受礼人替换为双方身边亲近的人，但这两个新的赠礼人和受礼人要相识。

操作2：赠礼人不变，由自己本人来送，而受礼人换成对方家人，如对方家里的妻子、老人、孩子，打好亲情牌。

例如，若大领导谨慎拒礼，那么可让在美容院工作的爱人带着美容品、护肤品，为其妻子做新发型、做护理。通过家人建立联系。

第三，借花献佛。

若领导日常应酬多且拒礼，可以送土特产，称老家托人捎来，分一些给对方尝尝鲜。东西不多，又没花钱，特意为他准备的，请他收下。其中体现的深意是赠礼人收到别人的赠礼，首先想到的是受礼人，制造出一种时刻记挂着受礼人的感觉。

第四，转攻高配法。

结合受礼人的生活质量预算：对于不缺钱和追求质量的人，选择的质量要拔尖。

例如，若2000元预算买不到非常名贵的白酒（高级物品的低配），可选择颜值不错的杯子或者开瓶器（普通物品里的高配）。

第五，独特的体验法。

比如送健康、定制服务等非实物礼物。

为了做好高端老客户的服务，我们公司组织客户夫妻赴日本参加旅游体检，还定制5人高规格团去日本做顶级的全身体检（癌症筛查）与采风，提供五星级酒店、机票头等舱服务。这种形式突破常规，定制1∶1的健康体验，让客户感受到独特的关怀。

送礼的禁忌

虽然送礼是一种常见的社交行为，但以下八种行为堪称"自杀式送礼"，要尽量避免。

第一，送不合适的礼物。

忽视客户的文化背景、宗教信仰、个人喜好等盲目送礼物，很容易把关系弄僵。

例如，给素食主义者送肉类食品，给有特定宗教信仰的客户送与其教义相悖的礼物，都非常容易引发客户的反感。

附录一 每一份礼物，都是与人交心的桥梁

第二，送过于昂贵的礼物。

如果礼物的价格过高，可能被视为贿赂，不仅让客户有心理压力，还可能违反相关规定或职业道德，反而会影响合作。

第三，送有明显广告标识的礼物。

如果礼物上有大量公司或产品的标识，会让客户感觉礼物是宣传工具，显露出"求打广告"的功利性，缺乏诚意。

第四，送质量不佳的礼物。

礼物质量差，会让客户认为你轻视他，还可能对公司整体形象产生负面影响，认为公司做事不讲究、不专业。

第五，送时效性差的礼物。

例如，送已经过期或快过期的食品、即将过时的电子产品等，会让客户觉得你在敷衍，没有用心挑选礼物。

第六，送礼时机不当。

在不恰当的时间送礼，如客户正忙于重要事务、处于悲伤情绪中，或在其他不合适的场合中送礼，可能会让客户觉得你不懂分寸。

第七，送礼方式不当。

采用不恰当的送礼方式，如在大庭广众之下强行送礼，让客户感到尴尬；或者送礼时态度傲慢、不礼貌，都会破坏送礼的效果。

第八，忘记附上祝福或卡片。

送礼时没有附上表达心意的祝福卡片或便条，客户可能不知道送礼人是谁，或者觉得缺少了一份真诚用心，使礼物的价值大打折扣。

可以撕掉价签，换上手写卡片：

"感谢一路支持，期待更多提携、指导。"

拿下一号位：销冠当场就签单

　　<u>送礼的精髓，不在"送"，而在"懂"</u>。当你真正理解对方的需求与喜好，将礼物变成"懂他"的证明时，关系自然会更加融洽。

　　例如，对方爱骑行，送他小众骑行路线地图；对方常熬夜，递上一盏护眼台灯，配上手写便签："为您的健康护航"。

　　生活需要仪式感，人际交往亦是如此。愿每一份礼物，都能成为与人交心的桥梁——轻于鸿毛，却重若千钧。

附录二

××汽车&××潮传媒项目营销报告

拿下一号位：销冠当场就签单

客户级别：A 级

Sponsor 李总任务目标 1000 万元：社区网 0 万元，商务网 0 万元，框架广告 1000 万元。

实际 834 万元：社区网 0 万元，商务网 0 万元，框架广告 834 万元。

全年预测 2000 万元：社区网 0 万元，商务网 0 万元，框架广告 2000 万元。

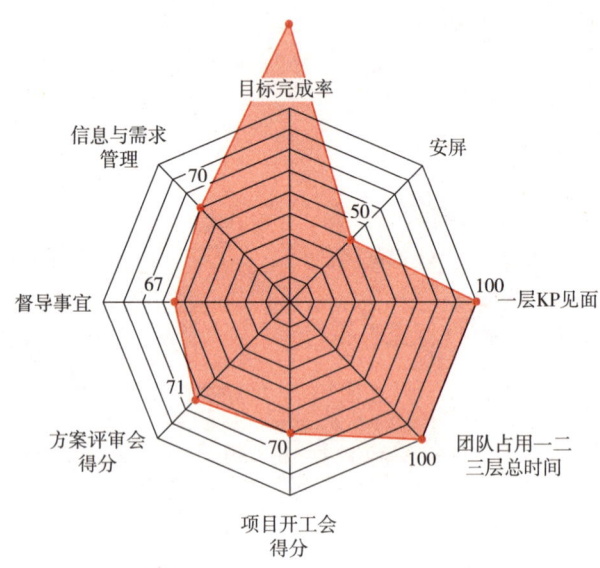

AR（客户经理）：刘××P5-2、××M3

AD（项目负责人）：刘××

SR（策划经理）：吴××　　FR（交付经理）：王××

P：专家线　　M：管理线

附录二 ××汽车&××潮传媒项目营销报告

上月督导重点事项

（第一次汇报不用填写）

序号	督导事项	验收标准	改进计划	督导结果	负责人	验收人	改进时间
1	刘××约客户CMO吃饭，推进合作	吃饭	已完成	已完成	文××	文××	4月30日
2	签订年框合同并上刊	合同签约及上刊	已完成	已完成	刘××、田××、陈××	文××	4月30日
3	占用客户时间每月20小时以上，维护好二三层KP，吃饭送花	CRM系统录入为准	继续每周和二三层KP见面吃饭、打羽毛球、打篮球，占用20小时以上	已完成	田××、陈××	文××	4月30日

上刊：订单执行

××汽车 客户老板/关键决策人资料卡片

姓名：王××	AD：林××	照片：
职位：董事长、CEO	Sponsor：李总	
生日：1962年1月×日		

背景资料：(家庭/教育/工作等背景，以及性格爱好等个人背景)
　　王××，男，汉族，1962年出生，××省××市人，××汽车创始人、董事长，××股份主要创始人之一，××科技有限公司业务运营总监、总经理。1985年，进入××大学学习无线电专业。1993年，创立××股份，兼任××股份CTO。2015年，进入智能汽车产业，创立了××汽车。技术出身。

约见方法	约见理由	时间	责任人	结果及改进计划
1.通过李总或林总约见	1.让客户更认可智能屏投放效果以及性价比，智能屏是市社区第一大媒体。 2.如何更好、更省钱地投放梯媒。 3.和客户处成好朋友。	5月25日前	刘××	5月25日前有反馈
2.通过××商会会长引荐	商会月度聚会活动，介绍一个新朋友	6月2日前	刘××	5月28日前敲定

拿下一号位：销冠当场就签单

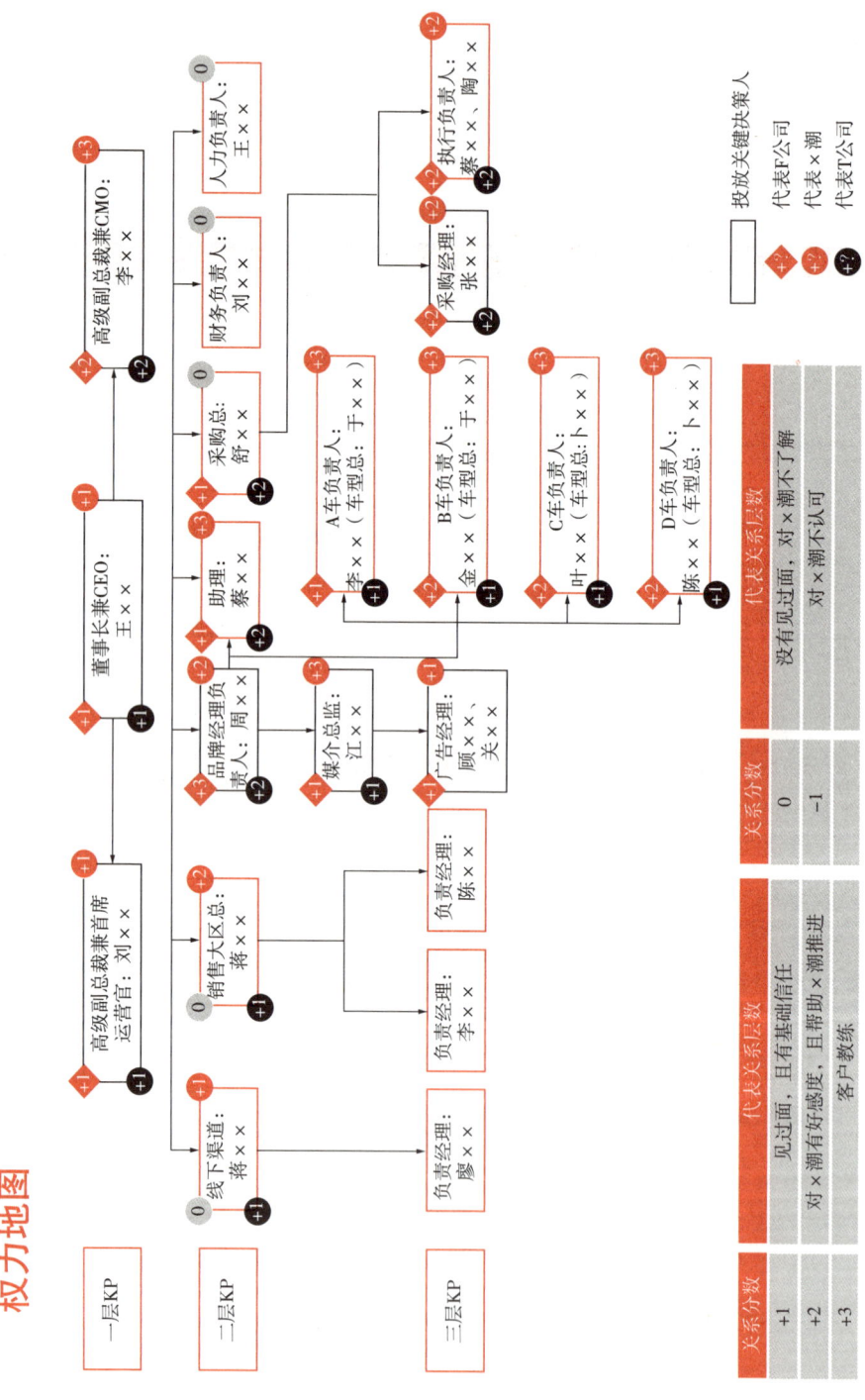

附录二　××汽车&×潮传媒项目营销报告

	人名职务	个人需求	达成情况	关系分
一层KP	董事长王××			3
	CEO刘××			2
	CMO李××			
二层KP	品牌经理负责人：周×× 媒介总监：江××			3
	广告经理：顾××，关××			-1
三层KP	A车型 李××			2
	B车型 金××			3
	C车型 叶××			-1
	D车型 陈××			-1
	线下经理 关××			1
	采购执行 蔡××，陶××			3
其他隐性决策人	采购×× （老板的侄女） 周××（老板代理公司的同学）			2
外部策略公司	××智库徐总			-1
	××智库刘总			-1

企业决策鱼骨图

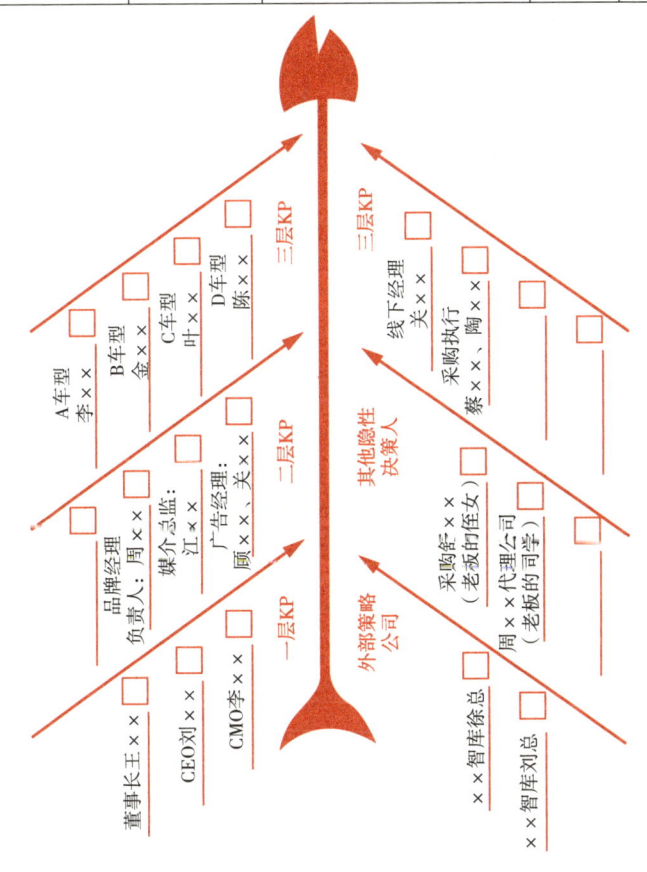

拿下一号位：销冠当场就签单

关键 KP 关系管理

（客户关系的本质是占有客户时间的多少，只填写权力地图蓝框中的关键决策人。第一行表示双方一层 KP 互动的情况）

KP 层级	职位	姓名	见面目标	见面实际	吃饭目标	吃饭实际	送花实际	参访目标	参访实际	月占有客户几小时	改进计划	责任人	时间
Sponsor 拜访一层 KP	董事长/总裁	×××	2	0	1	0	0	1	0	0	5月30日前协助李总安排再约双方董事长一起吃饭	刘××	5月31日
团队拜访一层 KP	CEO	×××	2	2	2	0	1	0	1	0	5月30日前协助李总安排再约双方董事长一起吃饭	刘××	5月31日
团队拜访二层 KP	品牌负责人	×××	4	7	2	2	1	1	1	2	内部教练，持续维护保持客情关系，一个月喝一次酒并送花	刘××	5月31日
三层 KP	品牌经理	×××	12	15	4	1	2	0	0	3	保持2周与客户喝咖啡或吃饭一次，每月保持送花、吃饭，维护客情关系并了解客户对×潮评价，促进明年上刊谈判	刘××	5月31日
三层 KP	媒介总监	×××	12	25	4	4	2	0	0	10	内部教练，持续送花、吃饭	刘××	5月31日
三层 KP	采购总监	×××	12	1	1	0	1	0	0	3	采购老大，每月一次吃饭，增进客情与关系维护	刘××	5月31日
三层 KP	采购经理	×××	12	25	4	3	2	0	0	7	每月持续送花1次，发展成内部教练	刘××	5月31日

本月新增客户关系动作（只填写新增客户关系的拜访人姓名、动作和沟通结果）：

附录二　××汽车&××潮传媒项目营销报告

每周二陈××、田××固定陪××市场部打羽毛球，和客户三层KP吃饭并确认信息同步，每月双方团队团建一次。

客户信息管理

客户信息管理		数据（年度更新一次）	当月最新动态（每月更新）
基础信息	营收规模（近一年）	2024年度×××亿元	
	较去年增长率	××%（销量增长率）	是否有新产品上市、新融资、新区域（若无则不填） 2025年××车型正式上市，共推出7款车型：4款纯电车型价格区间××万~××万元，3款增程车型价格区间××万~××万元；4月底北京车展××车型亮相
	净利润	2024年全年亏损××亿元	
	毛利率	××%	
行业格局	行业排名	造车新势力排名第3（1.理×，2.蔚×）（按交付量）	
	市场份额	××%	今年业绩增长及其他新资讯 2024年4月的销量××万辆
	前三名竞品分别是哪些	行业前三：比××、吉×、理× 新势力竞品：理×、蔚×	
产品	产品定位（高中低端）	高、中、低端	
	消费者画像	男性、31~40岁、汽车、科技、运动旅行等	是否有其他梯媒的合作 2024年两家梯媒都在合作，2025年×潮第一顺位中标
	主要市场城市	一线、新一线、省会城市	
营销费用	营销总费用（含线上）	4亿元	×潮有什么机会 1.年度框架已签订×××万元（4、5月份已投放××万元） 2.6月××车型上市发布（预算××万元） 3.××车型计划5月、6月投放（预算××万元）
	户外媒体费用	××万元	
	近12个月×众投放	××万元	
	近12个月×潮投放	××万元	
	毛利等级（ABCD）	B	
	客户满意度	满意	（项目开工报告附件）

客户痛点调查

公司层面

1. 客户今年的战略目标或者业绩目标有没有达成？（2025年全年业绩目标为32万辆，未完成。1月交付12312辆，2月交付6588辆，3月交付14660辆，一季度共交付33560辆，4月销售15145辆。2024年1~12月，××汽车的累计新车交付量为144305辆，较2023年同期增长了超过31%）

2. 今年公司的增长率是多少？行业的增长率是多少？（公司增长率目标为219%，2024年销量为144305辆，同比增长31%。行业：2025年1~2月，新能源汽车产销分别完成131.4万辆和126.7万辆，同比分别增长30.2%和31.4%）

3. 客户有几条主要产品线？哪条主要产品线的今年任务完不成？（2025年3月××汽车发布全新A车型、B车型、C车型以及D车型四款产品。各产品线任务均未完成）

4. 客户今年有新推的主力产品线吗？（2025年新增××汽车B车型，6月E车型上市）

部门层面

1. 销售部门今年的任务目标是否完成？（未完成。××汽车：目标32万辆，1~4月4.8万辆）

2. 营销部门今年的目标是否能完成？（不能，按目前进度预计交付达成20万~22万辆）

附录二 ××汽车&×潮传媒项目营销报告

3. 认为哪些媒体有用,哪些媒体没有用?对梯媒是否有好感?(××汽车重线上相关汽车行业垂直媒体,认为梯媒、高铁是有用的,对梯媒有好感)

4. 今年营销部门的费用还剩多少?是否可以引导到梯媒?(今年品牌市场部户外广告预算费用5000万元,其中梯媒可争取预算3000万元)

竞争层面

1. 竞争对手今年营收增长或市场份额比客户高还是低?(高)

2. 客户产品的知名度、美誉度、第一提及率和主要竞争对手相比,排第几名?(造车新势力:第3名,全系新能源品牌:前十名依次为比××、问×、极×、特××、埃×、哪×、理×、蔚×、深×、长×)

3. 竞争对手今年有什么新的市场动作,让客户不舒服?(竞争对手降价,并发布新款车型,车型结构完善,品牌影响力高于××汽车;竞争对手在线上具有话题热度,自带流量)

4. 客户准备用什么方法回应竞争?(从配置上去夯实性价比,主打好而不贵的造车理念,整体车型降价)

客户的痛点来自公司层面的三个方面。

第一,公司的年度战略目标或者任务目标是否完成?如果没有完成就有痛点;

第二,营销部今年的KPI是否完成?如果没有完成就有痛点;

第三,客户的竞争对手是否给客户带来了竞争的压力?如果有就有痛点。

拿下一号位：销冠当场就签单

双方一层 KP 开正式的战略沟通会，对齐客户 2025 年战略

具体用以下的问题，可以归纳总结客户的真正痛点，找到真实需求，和策划部门共创出解决方案。

一、客户 2025 年的战略是什么？（营收目标、有无新产品上市、新区域开发、品牌出圈、竞争对手、战略既要有方向还要有数据）

××汽车 2025 年销量目标 30 万~40 万辆，相比去年也是翻倍，同比增幅达到 108%~178%。××汽车新的一年有已经亮相的××汽车 A 车型以及即将再次升级的××汽车 B 车型、C 车型、D 车型等车型，月平均销量目标 3 万辆。2025 年，××汽车希望在销量、毛利、技术积累、产品品质、渠道建设、品牌宣传等方面都能够跃上一个台阶。××汽车期望 2025 年在财务上实现更高的毛利率。

二、基于客户的战略实现，客户有什么痛点和需求？

新能源汽车整体竞争态势加剧，基于国外市场新能源汽车的整体需求萎缩，国内新能源品牌以比××为首，开始卷价格。为达成进一步销量提升目标，××汽车基于市场现状同步开始卷价格，主要痛点是利润率低、销售目标压力巨大。

三、根据客户的痛点和需求，×潮有什么机会？

配合××汽车销售目标，新车型上市，×潮可以集中做引爆，增加新品车型认知度，在××汽车全年各个营销节点，做对应线下声量曝光和品牌巩固，帮助××汽车获取各销售终端的引流。

附录二 ××汽车&×潮传媒项目营销报告

四、我们和客户的联合创新项目是什么？（联合创新项目合作后就可以做大单子，复制到全国，比如各种软产品打样）

×潮+××汽车的联合创新项目1：结合外采，联合线上媒体做客户潜客线索。

联合创新项目2：联合大区做门店社区车展。

联合创新项目3：做×潮企业内部购车活动，实现互惠互利。

客户需求管理

（来自四力模型品牌力的痛点，所以要投×潮广告。季度更新，本次更新日期5月6日）

	痛点	解决方案	软产品选择（六大软产品）	产品线选择（四大产品线）
公司1	车型少，行业竞争大，众多新能源品牌内卷严重	增加研发，上市新车型，扩大品牌营销	LBS	社区网+框
公司2	目标完成率低，整体差距较大	扩大营销市场活动，抓住金九银十冲刺销量	LBS	社区网+框

软产品选择

软产品 \ 产品线	引爆	标签筛选	LBS	京潮计划	防遗忘包	竞价交易
A车型			√			
B车型			√			
C车型			√			

硬产品选择

	社区网	商务网	框	门禁
B车型	√		√	
C车型	√			
D车型	√		√	

客户商机管理

商机名称	商机金额	商机把握度	预签时间	行动方案	责任人	SPONSOR	时间
年单商机	×××万元	××%	20××年6月30日	双方一层KP吃饭，刘××还要再和二级KP确认合作细节	刘××	李总	5月31日
其他商机							

商务条款申请：（3折+到店）

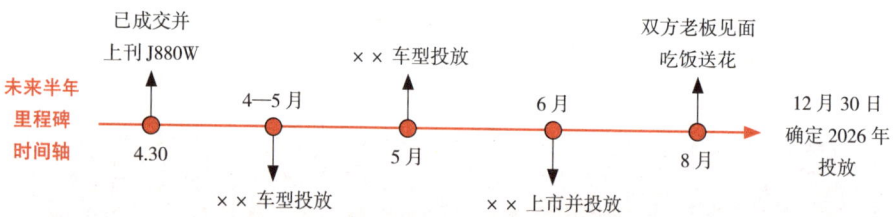

完成今年目标的OKR	内容	责任人	时间
KR1	KR1用四力模型重新开两会，找到客户新车型交付量提升的痛点	刘××	12月31日
KR2	KR2李总一年见2次一层KP，吃1次饭，送花1次	田××	12月31日
KR3	KR3用效果归因方式证明效果，让客户认同智能屏	刘××、田××	12月31日

附录二　××汽车&××潮传媒项目营销报告

本月督导改进计划

序号	督导事项	验收标准	负责人	督导人	验收人	改进时间
1	李总约××总吃饭或送花	吃饭/送花	刘××	文××	李总	5月31日
2	继续和CMO、CEO做好客情关系，同时和执行层面落实上刊执行验收，××、××、××三款车型需求夯实，并执行上刊	上刊框架合同余下××万元	刘××、田××、陈××	文××	李总	5—10月
3	占用客户时间每月20小时以上，维护好二三层KP，吃饭送花	CRM系统录入为准	田××、陈××	文××	李总	5月31日

铁三角分配比例

序号	角色	人员	分配比例
1	Sponsor（赞助人）	李××	0
2	AD（项目负责人）	刘××	47%
3	AR1（客户经理1）	陈××	47%
4	SR（策划经理）	赵××	4%
5	FR（交付经理）	张××	2%
	合计		100%

分配比例参考（AD可根据实际情况调配）

AD：20%

AR：60%（"433"结构，维护一层KP：40%，维护二层KP：30%；维护三层KP：30%）

拿下一号位：销冠当场就签单

其他分配：20%（包括 SR：3%~5%，FR：2%~3%，其他剩余部分由 AD 灵活处理，战功导向）

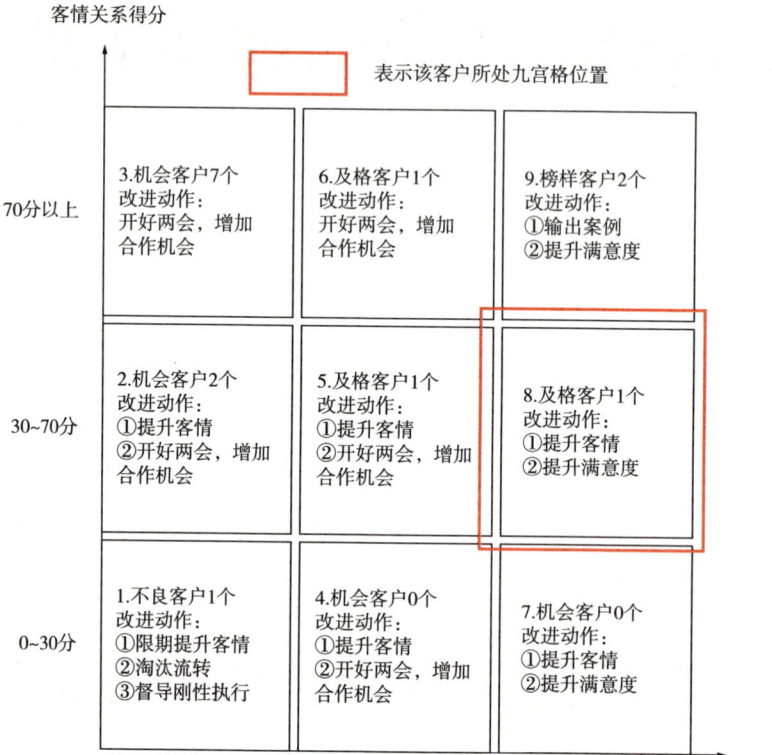

推荐语

《拿下一号位》堪称大客户销售的实战指南和运营宝典。浩南哥以 20 余年一线经验为纲，"真诚利他"理念为魂，拆解针对头部企业"一号位"的营销逻辑。从挖掘战略痛点到推动当场签单，每个环节都透着实战智慧，避免泛泛而谈，全是可直接复用的方法论。对想突破销售瓶颈的人来说，这本书既是心法，更是打法。

——福建广播影视集团前副董事长，东南卫视前频道总监
叶雄彪

好的销售的前提是理解客户的需求和立场，找到产品与服务之间的连接点，也就是互联网产品通常意义上的 PMF（product market fit，产品市场匹配度），从这个角度看，共赢利他才是销售乃至所有企业产品与服务的立身之本。

——优酷土豆集团前首席运营官，上海摩易科技 CEO
苏　立

拿下一号位：销冠当场就签单

浩南哥一直坚持的"利他"理念，让我印象深刻。在销售这个充满竞争的领域，很多人都想着如何从客户那里索取更多，浩南哥却反其道而行之，强调以客户利益为先。这种思维方式的转变，就像是一股清流，既容易赢得客户的信任，又能让销售人员真正站在客户的立场上为客户创造价值签下大单，从而实现双赢。

——新潮传媒联合创始人　曾　健

利他之心、成人之美是人与人、企业之间合作最走心的基石，我非常赞同浩南的看法，另外，浩南说的企业产品和服务就是为客户从价值塑造到价值创造，从价值创造到引领价值成长，这样的营销行为，我比较乐于接受！

所以，我相信《拿下一号位》这本书在各个领域都有一定的借鉴意义！

——巨子生物董事长　严建亚

在服务喜多多的全过程中，浩南哥一直致力于帮助我们推动公司的品牌成功与商业成功。这样的"利他"视角我很欣赏，而且服务过程中让我做到心中有数、取得了不错的市场反馈，所以我和他一直合作，实现了双赢。

恰逢浩南哥的新书《拿下一号位》上市，我给他的新书点赞，推荐大家一读。

——喜多多集团董事长　许庆纯

推荐语

浩南哥的新书《拿下一号位》提倡的利他思维应用在营销场景里很有价值，利他是一种深邃的智慧与商业之道，是高维的认知，是伟大的生命能量。

"钱"不是赚来的，"钱"是帮助别人解决问题之后，回馈给你的财富。你能创造多少价值，你就拥有多少价值。因此，痛点就是机会点，问题就是商机。在这个资源共享的时代，合作才能共赢，财富的背后是服务、真诚、厚道、价值，伟大商业的底层逻辑皆是利他。

"菩萨敬因，众生惧果"，利他就是利己，达人就是达己。利他是因，利己是果；达人是因，达己是果。

——善百年董事长　傅　煜

浩南哥的新书《拿下一号位》阐明了两个核心方法，其一，抓住问题的关键点或主要矛盾，从营销的角度来说也就是抓住"决策一号位"；其二，就是以"真诚利他"之心去帮助对方成功，这两个核心理念非常重要，缺一不可，建议大家读一读这本书，可以给各个行业的朋友一些有益的启发。

——膜法世家董事长　黄晓东

浩南哥新书《拿下一号位》中提到的"最好的利己就是利他"并非空泛的道德说教，而是经过理论和实践验证的顶级商业智慧。通过真诚地关注和满足他人需求，企业能够建立持久的竞争优势，实现可持续发展。

利他的关键在于：

真诚而非功利地实施利他。

将利他与商业模式深度融合。

坚持长期主义，避免短视。

在经营生意或为人处世中，秉持"利他即利己"的理念，往往能够实现"无往而不利"的效果。利他不仅是一种道德选择，更是一种明智的战略决策。

——嫚熙集团董事长　邢志存

稻盛和夫说：一切成功，都归结于利他之心。

在现代社会中，只有保持利他之心才是做正确的事。

浩南哥的《拿下一号位》诠释了在营销动作中"利他之心"的价值，以利他之心帮助别人在营销及其他领域都有巨大价值，实际应用中，不仅说到而且做到，才能和你的亲人、你的朋友、你的客户深度捆绑、长久合作。

——a1零食研究所董事长　周炜平

真诚＋利他＋长期主义＝开单王炸！这个真理对于所有销售场景和商业合作都适用，浩南哥的新书《拿下一号位》很好地诠释了这个秘诀，很值推荐给所有在销售领域和商业领域的朋友去读一读。

——AT集团董事长　林嘉怡

推荐语

万事万物都有主要矛盾，抓住主要矛盾，一切问题迎刃而解。例如品牌定位的关键在于洞察核心需求，抢占用户心智中的制高点概念。大客户销售同样拥有主要矛盾，正如浩南哥的新书《拿下一号位》所阐述的，其关键正在于以利他之心拿下企业一号位。此书直击核心本质，堪称大客户销售领域的经典之作，非常值得推荐。

——东极定位创始人，民族品牌定位专家　王　博

浩南哥新书《拿下一号位》中以利他之心做判断，因为出发点是"为他人好"，所以能够赢得周围人的支持与帮助。同时，由于视野更为开阔，我们便能做出更加明智的决策。为了提升工作效能，我们在进行决策时，必须跳出以自我为中心的狭隘视野，转而考虑他人的利益。这种体谅他人的"利他之心"，是提升判断力的关键。

——省广集团董事长　杨远征

无论是生活中，还是在商场，我们每个人都要摒弃"只考虑自己好"的利己之心，应该考虑周围人及买卖双方的利益，从而得出理想的结论，实现"大家都好"的共赢局面。

浩南哥的新书《拿下一号位》的利他价值导向，是合作双赢的秘诀，与他合作，他都会优先考虑客户和朋友的利益，那么他自然就会赢得别人的理解与认同。

——东娱传媒董事长　刘东满

拿下一号位：销冠当场就签单

"真诚利他"是穿透商业本质的终极心法，二十年销售实战淬炼的"一号位"心法，让营销回归价值创造的本源。《拿下一号位》这本书值得一看。

——厦门媒管家文化科技有限公司创始人兼 CEO
王双奇

浩南哥新书《拿下一号位》的观点：真诚"利他"是吊打一切技巧的法宝。我认为这个观点放至一切情境都适合！

我想我的好兄弟写的此书，除教授我们一些销售技巧外，还提醒我们考虑四个利他关键点，分别是：

1. 真诚是有效利他的基石；
2. 真正的利他行为可以体现并深化真诚；
3. 缺乏真诚的"利他"不是真正的利他；
4. 真诚的利他也包含对自身的真诚。

感谢浩南哥让我想到这么多，同时也推荐大家去读一读这本好书！

——新华社中国名牌总顾问　赵　智

浩南哥的新书《拿下一号位》所强调的"在与别人谈合作的时候要注重换位思考，优先考虑别人利益"的观点和我们恭贺新禧企业是一致的，这是书中20年销售逆袭之路的关键。

——恭贺新禧企业董事长　姚汉丰

推荐语

据我多年的观察，我身边的成功人士都有利他思维。那些品德良好且有利他思维的人，才会得到这个世界的褒奖。

《拿下一号位》这本书，也特意强调了"利他之心"的价值。利他是成交的基础，是双赢的保障。

从这本书中，大家既可以学到销售技能，也可以得到为人处世的精妙方法。期待大家都能拥有利他之心，在利他中实现利己。

——起点中文网前董事长，《靠谱》作者　侯小强

浩南哥用 20 年实战淬炼出的《拿下一号位》，是销售领域的"破局指南"。书中"利他思维"与"矛盾分析法"的碰撞，让营销从技巧升维为战略。作为 8 年读书博主，我鲜少见到如此"腥风血雨"又充满哲学思辨的销售方法书。那些"影帝级谈判策略""决策链鱼骨图"，读来仿佛亲历一场高智商商战。若你的业绩卡在瓶颈，这本书就是那柄劈开迷雾的刀，正如作者从月薪 600 元实现年薪百万的逆袭。这本书教会你的不仅是签单，更是如何用顶层思维撬动商业杠杆。

——《阅读是富养自己最好的方式》畅销书作者
筝小钱

拿下一号位：销冠当场就签单

浩南哥是我见过的最能做到知行合一的销售高手，他对于销售的理解，无疑最具底层思维。他强调利他和阳谋，一切回到最本质。"拿下一号位"的思维，无疑是一种升维的销售思维。这本书对于今天个体时代所有想要做好高客单成交的个体老板和一线职场人都具有标杆性的学习价值。我助推他打造这部作品的过程就是一次带团队学习的过程，对于我们公司超高客单的业务实践帮助很大，强烈推荐给大家。

——《定位高手》《代表作》作者，书香学舍主理人

刘 Sir

作为上市公司私域营销顾问，顶流 IP 口中的"裂变女王"，我强烈共鸣浩南哥《拿下一号位》的核心理念——"真诚利他"。

这本书不仅传授营销方法，更诠释了商业本质——所有可持续增长都源于真诚利他。正如我在《卖爆》一书中强调：商业是人心连接，利他是最坚实的桥梁。

推荐每位创业者细读，在浮躁时代找回商业本真。利他不是手段，而是成就伟大事业的根基。

——《卖爆》作者，上市公司私域营销顾问　金雨麒